痛点

挖掘小数据满足用户需求

[美] 马丁·林斯特龙（Martin Lindstrom）◎著
陈亚萍◎译

Small Data

The Tiny Clues That Uncover Huge Trends

中信出版集团 · 北京

图书在版编目（CIP）数据

痛点：挖掘小数据满足用户需求 /（美）马丁 · 林斯特龙著；陈亚萍译．-- 北京：中信出版社，（2026. 1 重印）

书名原文：Small Data: The Tiny Clues That Uncover Huge Trends

ISBN 978-7-5086-6769-0

I. ①痛… II. ①马… ②陈… III. ①企业管理 Ⅳ. ①F272

中国版本图书馆 CIP 数据核字（2016）第 235544 号

痛点：挖掘小数据满足用户需求

著　　者：［美］马丁 · 林斯特龙
译　　者：陈亚萍
出版发行：中信出版集团股份有限公司
　　　　（北京市朝阳区东三环北路 27 号嘉铭中心　邮编　100020）
承 印 者：河北鹏润印刷有限公司

开　　本：880mm × 1230mm　1/32　　印　　张：10.75　　字　　数：200 千字
版　　次：2017 年 4 月第 1 版　　印　　次：2026 年 1 月第 27 次印刷
京权图字：01-2016-8341
书　　号：ISBN 978-7-5086-6769-0
定　　价：49.00 元

服务热线：400-600-8099
投稿邮箱：author@citicpub.com

目录 Small Data

序言 Small Data

在当今的商业环境中，如果说人们会像信仰宗教一样信仰大数据，那么马丁·林斯特龙就是个无神论者。

许多怀疑论者都让人讨厌，但马丁肯定是个例外。读他的书就像跟19世纪的著名探险家一起用餐，比如理查德·弗朗西斯·伯顿爵士——他从异国归来，带回各种奇闻异事。面对杂乱无章的大世界，马丁却能洞悉一切……俄国人家里没有镜子，主人通常会给自己的机器人吸尘器Roomba取名，美国酒店的窗户从没开过，沙特阿拉伯和西伯利亚地区的冰箱贴反映了重要的家庭价值观。

马丁绝对不是个被动的观察者。他到了一个国家的机场后，会打一辆外籍司机开的出租车。在开往城区的路上，他会不停地问司机对当地人的看法。他注意到，关于一种文化的特点，外来人往往比当地人看得透。作为一个外来人，他会到当地人家里实地调查，看看他们在做什么，家里怎么布置。

痛点：挖掘小数据满足用户需求

马丁要写的不是一篇批判大数据的檄文。不过，他通过展现小数据的特点，向人们突出展示，在关注大数据时应该注意一些问题。主要包括以下两个方面：

大数据不会激发深刻的见解。创意通常源自结合——两个以前不相融的物体结合起来。但是，大数据通常以数据库的形式存在。这一点太过狭义，所以无法激发人们的见解。一家公司研究在线顾客的“大数据”时，常常只关注线上交易量。而线上数据库通常不会追踪顾客的实体店交易（线下数据通常另设一个数据库，成为店主的私有财产）。两个数据库也不会在对比完公司的广告数据后，再做分析。本书提到过一次突破性的购物体验，那是马丁为一家法国零售商开发的。为了吸引善变的少女，马丁的方案是进行三角剖分[①]。分析数据包括时间日志、电话记录、访谈记录、个人照片日记和商场购物观察。心理学家菲尔·泰特罗克研究过能预测政治经济大事的“超级预言家”。他发现，这些人的共同点是，喜欢对不同的数据源进行三角剖分。不幸的是，我们的“大数据”库真的太“大”了。它们不像是交叉训练的强壮运动员，反而像是只会一种技能，其他几乎一概不通的书呆子。它们过于狭隘，无法促成对比分析，带来突破性结论。

① 在社会科学中，三角剖分通常是指，为了验证同一个主题的结论，在研究中至少要使用两种方法。

大数据是数据，而数据重分析，轻情感。很难想象，让数据捕捉到我们最看重的情感品质：美丽、友好、性感、出色、可爱。如果数据能帮人培养情感特质，那么最浪漫的爱人形象就不是诗人，而要变成会计师了。盛世长城国际广告公司的凯文·罗伯茨认为，伟大的品牌有两个优点：（1）激发人们尊重品牌的技术性、耐用性和有效性。（2）激发人们对品牌的钟爱——因为，我们发自内心地喜爱这个品牌。惠普和金霸王就属于“受人尊重的”品牌。大数据通常可以帮助品牌做决策，获得更多尊重。（历史数据表明，如果我们的电池电量增加15%，顾客的消费额可能增加20%。难道原因是这个？）虽然迪士尼、脆谷乐、极客团队也是受人追捧的品牌，大数据却无法提升它们的受欢迎度。

Roomba的生产商曾经向马丁咨询，如何走出收入下降的困境。马丁重点关注了与情感相关的小数据。他深入Roomba主人的家里，看看他们怎么跟机器人互动。出人意料的是，主人习惯把Roomba当宠物，给它起名，向客人显摆。（你上次向客人展示你的Roomba机器人，是什么时候？）主人们存放Roomba时，不会放在壁橱里。Roomba会在沙发下“偷看”主人，好像中途卡住了一样。

不幸的是，Roomba的带头人抛弃了它最初的“可爱”。Roomba一开始的创意，是受到《星球大战》中R2D2机器人的启发。最后，它改变了设计，看起来不太像R2D2，而更像家用电器。在第一款模型中，Roomba可以出声。如果不小心撞到墙，它偶尔会说一句"喔噢"。但是，不知道什么时候，声音装置被去掉了。也许是设计师为了简化设计，也许是管理者想降低成本。在第十章里，马丁受世界上最可爱的汽车宝马迷你库柏启发，给管理者提出了独到见解，帮助Roomba恢复品牌的兴奋感。

奇普·希思

斯坦福大学商学院组织行为学教授

前言 Small Data

面临破产风险，让乐高转危为安的是一双旧运动鞋。

2003 年年初，乐高公司陷入困境，销售额同比下降了 30%。2004 年，销售额又下降了 10%。乐高CEO（首席执行官）约恩·维格·克努德斯托普说："我们一直亏本，都火烧眉毛了。公司还将面临债务违约的危险，很可能破产。"[1]

这家丹麦玩具商怎么突然落到这步田地？乐高的问题大概要追溯到 1981 年。当时，世界上第一款掌上游戏《大金刚》上市。于是，在乐高内刊《笨汉汉斯》上掀起了一场辩论。文中讨论的是，对组装玩具的未来而言，所谓的"横向卷轴平台游戏"（side-scrolling platform games）意味着什么。人们最后达成的共识是：雅达利和任天堂这样的游戏平台会风行一时——在电脑游戏掀起第二阵狂热前，事实确实如此。

2004 年，乐高公司向我咨询，我开始负责公司的整体品牌战略。我不想乐高放弃一直以来的强项。可是，不可否认的是，数字化产品也是无处不在的。从20世纪90年代中叶起，乐高开始放下核心产品——积木，转而拿出精力，发展主题公园、儿童服饰、视频游戏、图书杂志、电视节目和零售商场。同时，考虑到年轻人的焦急、冲动和不安，乐高管理层决定开始制造大块积木。

乐高的每一次大数据分析，都得出同样的结论：未来的几代人会对乐高失去兴趣。乐高要开始研究游戏棒、棍子球、捉迷藏了。所谓的数字原住民，就是1980年后出生，成长于信息时代的群体——他们没时间，也没耐心玩乐高。他们很快就会才思枯竭，失去讲故事的能力。如果他们不认真对待，就会失去想象力和创造力，因为电脑游戏大部分都帮他们做了。乐高的每一次研究都表明，时代的强烈需求是即时满足。这是任何积木都无法应付的。

面对这样的预测，乐高似乎无法扭转时局了——不过，它其实做到了。它出售了主题公园。接下来，它签下了《哈利·波特》《星球大战》和《巴布工程师》的品牌特许权。它削减了产品数量，进入服务水平低下的全球新市场。

不过，2004年年初，我们到了一个德国中型城市，见了一位11岁男孩。这时，乐高的理念才迎来最大的转机。我们去干什么？去找乐高的亮点。那一天，乐高的管理层发现，他们自以为了解的一切都是错的——无论是20世纪末、21世纪初的孩子，还是孩子们在新时代的数字化习惯——包括对压缩时间和瞬时结果的需求。

这位 11 岁的德国男孩不仅是乐高迷，还是狂热的滑板爱好者。当被问到最钟爱的东西时，他指了指一双破旧的阿迪达斯运动鞋，鞋子一侧还有皱纹和凹陷。他说，这双鞋是他的战利品，是他的金牌，是他的杰作。不仅这样，这双鞋还是一种证明。他把鞋举起来，让屋里的人都能看清。他解释说，鞋子的一面穿破了，右鞋帮磨坏了，鞋跟也明显磨平了。这双鞋的整体外观和给外界的印象都很完美。这双鞋向男孩、男孩的朋友和整个世界表明，他是这个城市里最棒的滑板运动员。

那时，乐高团队一下子明白了。那些时间压缩和即时满足的理论，似乎毫无根据。11 岁德国男孩的阿迪达斯旧鞋，给团队带来了灵感。他们意识到，孩子们要想在同龄人中获得社会存在感，就要具备一种高超的技能。无论这种技能是什么，只要值得花心思、花精力去做，就别管花多长时间。对孩子来说，就是付出努力，最后有所呈现——在德国男孩的例子里，就是一双大多数成年人不愿看第二眼的旧鞋。

在这之前，乐高的决策还完全依赖于大数据。然而，最终是不经意的一瞥——一位滑板爱好者和乐高迷的运动鞋——加速了这家公司的转变。从那时起，乐高重新回归核心产品，甚至投入了更多。公司不仅把积木重新设定为标准尺寸，甚至开始增加更多小块积木。积木更注重细节，安装手册更精确，游戏挑战更有难度。对用户来说，乐高似乎在召唤人们克服困难，刺激人们掌握技巧。尤其重要的是，它是一种来之不易的体验——结论是，只有掌握复杂的预测分析方法，才能达到平均分，只是方法不好掌握。

10 年后，在 2014 年上半年，随着《乐高大电影》和相关商品的全球大卖，乐高销售额上升了 11%，超过 20 亿美元。乐高第一次超越美泰，成为全球最大的玩具生产商。[2]

说真的，我做全球品牌咨询时，遇到的都是这样的情况。我会为保时捷车主开发新车钥匙，为亿万富翁设计信用卡，为减肥企业创立创新模式，帮陷入困境的美国连锁超市扭转局势，或者努力为中国汽车行业找到定位，参与全球竞争。有句名言说，想了解动物的生存方式，不是去动物园，而是去丛林，我就是这么做的。几乎在每个实例中，我都会先进行“潜台词研究”（有时我会简称“潜意研究”）。这是一系列流程，包括缩减开支、消费者家访、小数据挖掘、线上线下小数据收集等。我通过观察和分析，获取了全球线索。我发现，总有消费者的欲望未被满足，或未被发现。而这种欲望，正是新品牌开发、产品创新和企业发展的基础。

我在过去的 15 年中家访过 77 个国家的男人、女人和孩子。我一年有 300 天在飞机上或宾馆里度过。这样的生活方式有明显的弊端。对我来说，哪里都不算家，人际关系很难维持，孩子和宠物都不能养。这样的生活却使我有机会观察别人，通过人们的观点洞悉文化，并试图回答：社会群体是怎样形成的？他们的核心信仰是什么？他们渴求的是什么？为什么？他们怎么建立社交联系？一种文化与另一种文化的差别在哪里？这些地方信仰、习惯或礼仪有没有普世意义？

尤其是，我在世界各地遇到过各种奇怪行为，或者普遍真理。比如说，我们害怕别人更了解自己。我们大多数人都怕被揭掉面具。我们害怕失去控制，让别人看到真实面目。相比陌生人，我们面对亲密的人——丈夫、妻子、伙伴、孩子——时，往往注意不到他们年龄的增长。或者，所有人都会经历“甜蜜时刻”——这是我们工作、读书、思考或注视时，一种发自内心的奖励体系。反过来，我们也因此工作更卖力，注意力更集中。很自然，完成一项“大工程”后，我们就会“奖励”自己。这就像在假日里，我们会对别人格外慷慨一样。最后，我们也会买份礼物，奖励自己。此外，在一个人口众多的透明世界里，我们更多地把内心世界暴露在网上，所以“隐私”和“专属”的意识就变成了最奢侈的东西。

我们打电话时，为什么大多数人都喜欢绕圈走，好像要建起一道隐私墙？我们饿了或渴了时，为什么打开冰箱门后，会上下瞄一眼，然后关上冰箱门，过一会儿又重复同样的动作？我们约会迟到，为什么不怪自己，却借口说闹钟不准？我们在机场、火车站或摇滚乐会时，为什么会觉得周围都是普通人——却没意识到，我们跟他们做着一样的事？为什么许多人在冲澡或看见水时，才能想到好主意？

我的研究采访对象可能是巴西贫民窟的少女、捷克共和国的商业银行家、南卡罗来纳州的家庭主妇、匈牙利的性工作者，还有来自印度的继母，又或是生活在日内瓦、北京、京都、利物浦、巴塞罗那的钟爱体育的父亲。有时，我甚至征求主人的允许，住进别人家里或出租屋里，就像在自己家一样。我和他们亲如一家，一起听音乐，一起看电视，一起吃饭。在这些拜访中，经过主人允许，我会查看冰箱，打开抽屉和橱柜，寻觅书、杂志、音乐、电影和下载文件，查看皮夹钱包、网络搜索历史、脸书页面、推特记录、表情使用、Instagram（一款图片分享应用）账户和Snapchat（“阅后即焚”照片分享应用）账户。我在搜索小数据时，几乎没有禁区。我甚至通过短信采访消费者——研究表明，人们在短信里说谎的次数更少[3]——不过，我更有可能出其不意地检查他们的微波炉、玻璃杯和塑料回收罐。

我见过许多男男女女，和他们聊过天，观察他们的言行。一年中，我去过不同的地方，见识过不同的气候、文化和肤色。然而，更有意思的不是区别，而是我们的共同点。（我坚信，世界上只有500~1000种不同类型的人。这其中有我，也有你。）我也意识到，在创建品牌或挽救品牌的过程中，我穿梭于多个国家，把一次观察与另一次观察联系起来，也是一种神奇的技能。到头来，俄罗斯远东地区的公寓，与美国南方的封闭社区没有本质上的区别。由于沙特阿拉伯和俄罗斯都是极端气候，中东人和西伯利亚人的行为举止在许多方面都是相同的。我从没学过社会科学，也没有接受过心理学和侦探学方面的培训。但有人说，我的想法和行为好像这三样都懂。我告诉他们，我自认为是小数据或情感基因的侦察员——甚至算得上搜寻欲望的猎人——小时候，在丹麦一个拥有20505人口的斯基沃农场小镇，我偶然形成了这样的爱好。

我12岁时，医生诊断我患有一种罕见的过敏性紫癜。患上过敏性紫癜后，病人皮肤、关节和内脏会出现毛细血管出血，也会导致肾脏出现不可逆转的损害。我被安置进了单独的病房，几个月都不能动弹。我和几个病人之间是蓝灰色的帘子，还有几英尺的橄榄绿色地毯。除此之外，就只剩我一个人了。

我每天早上7点醒来。护士送来早餐后，我就开始了一天的观察。我会研究我的看护、病友、病友的朋友和别人的家人。很快，这些都看累了，我就开始观察自己。我每天这样，来度过苦闷无聊的康复期。几个月后，等到出院时，我拥有了和其他12岁男孩一样的傲慢。我坚信，我比其他任何人都会观察别人。

三号床病人现在在做什么？四号床病人15分钟后会干什么？五号床病人的妈妈来时，他就变得声音嘶哑，病容满面。三号床病人喝苹果汁时，总会把杯子打翻。我记得，护士总是小心翼翼地滑动桌板，卡住凹槽，不想发出一点声音。有的护士端着重重的桌板，似乎一脸傲慢。有些护士两手空空，似乎低声下气。这样的日子，我观察过几百遍，甚至几千遍。我敢肯定，被困在医院的人都会这样做。许多人可能很快就不放在心上，或不以为然，或抛之脑后，可我却在心里做着记录、归档和分析。

妈妈送来一盒乐高积木。接下来的日子，我就这样消磨时光。回想起来，我在住院时被迫发现了两个消遣项目——乐高积木和观察他人。

等到出院的时候，我已经把积木玩得很好了——我甚至想，在父母的后院建一个迷你版的乐高乐园。这种想法引起了乐高总部还有两个专利律师的兴趣。一个12岁的孩子那么喜欢乐高，甚至想私自复制一个主题公园。最好的解决办法是什么呢？我高兴地告诉你们，乐高雇我当了模型设计师和创新顾问！不过，这接下来的故事我们后面再讲。

我在住院期间学到的，不仅仅是怎么搭好错综复杂的乐高积木。还锻炼了眼睛和耳朵，学会观察、演绎和诠释，最终理解了成年人的世界。五号床病人条件反射式的变音，反映了他对母爱的需求。三号床病人不择手段地想离开病房，打翻杯子就是一种手段。护士夜里查房时，大多数时间似乎对病人冷冰冰的，但是，她端餐盘时笨手笨脚，弄得叮叮咣咣，也许是在表达同事对她的漠视……无论一件事多么不起眼，里面都有一个故事。

我住院的日子一长，护士们开始允许我走动走动。我记得，我盯着窗外，望着走向汽车和自行车的人们，观察他们的穿戴、他们的鞋子、他们的举止，看看他们有没有戴首饰或手表。我想知道，他们以为没人盯着时，会有什么行为——一位年轻妈妈匆匆梳头，一位商人伸手提鞋，一位少女戴着耳机听音乐简直入了迷。

那位妈妈和其他妈妈说话时，行为会有什么变化？当她的宝宝大哭时，她怎么安慰？那位商人身穿带有领角扣的白衬衫，后摆却没有掖好，还皱巴巴的。他意识到了吗？他是故意的吗？他是想告诉别人，他是一个叛逆者吗？或者，他这个人就是邋遢？抑或是，衣服自己皱了？他为什么一直看手表？他是希望时间慢点，还是快点？他另一只手腕上戴着橡皮手环——那是什么意思？他正在戒掉某种坏习惯，还是为了纪念他的爱人？

童年时期的一场病，让我开始以局外人的视角看待自己和别人。并且，我开始改变看待世界的方式。我开始发现人类的魅力和神奇。当然，我们本身也就是这样的。

别人是怎么看待我们的，我们真的知道吗？我们每天偶然表现出的小数据——礼节、习惯、手势和偏爱，合在一起暴露了我们真实的内在。我们能意识到这些小数据吗？大多数时间，答案是否定的。我们吃什么快餐，我们怎么发脸书，我们发什么推文，我们吃肉桂口香糖，还是尼古丁含片——乍看起来，这些小细节似乎杂乱无章，毫无导向，微不足道，展现不出多少特性。但是，当我们开始通过陌生的小数据看待生活时，我们也发现了认识周围人的线索，包括我们自己。

小数据可能存在于微波炉、药盒或脸书相册里。它可能在以色列特拉维夫市浴室的牙刷架上，或者是巴西北部浴室墙上的一卷厕纸；它可能出现在走廊的鞋柜里，或者是组成个人电脑密码的无序字母和数字。在潜台词研究中，我在垃圾桶里寻找没挤完的牙膏管、剥掉的糖纸和过期的优惠券，想找到解决谜团的钥匙，或者解决问题的答案。甚至，即使我不知道谜团是什么，或者我到底在找什么，我也会这么做。一组孤立的小数据可能不足以支撑一个案例，或者创建一个假设。但是，结合世界各地搜集来的见解和经验，这些数据最终有助于提出解决方案，形成未来品牌或企业的基础。

我的研究方法可能井井有条。但是，它们也是基于许多误解、反复试验和错误假设的。等再开始研究时，我要抛弃这些错误。（在最后一章中，会详细介绍我的7C研究法。）一进到别人家里，我做的第一件事，就是尽量多观察理性数据。我会做做笔记，拍几百张照片，拍摄一个个视频。一个很小的细节或手势，都可能成为打开男人、女人和儿童欲望的钥匙，这是他们以前不知道的。（有时候，这样的细节可能就是一种文化。）我会寻找规律，对比分析，关联研究，尤其注意失衡和夸大的现象。通常情况下，我会对比人们的日常生活，对比未被发现或未被满足的欲望。证据到处都是，从中东地板上放错方向的跪毯，到西伯利亚浴室抽屉里有缺口的手持小镜。

几个月的观察研究后，我把所有发现都展示在布告栏上。它成了壁画和时间轴。在感知与现实、现实与想象、人们有意识和无意识的想象之间，藏着什么欲望？文化中的失衡点在哪儿？这种失衡是太多，还是太少？还有什么欲望没被满足？

一些公司请我当顾问，就是为了弄清人们的真实需求，反过来再想办法满足需求。我的头衔可能是“品牌顾问”，不过，大多数机构请我去是当巡回侦探。我的任务就是查清最模糊、最抽象的一个词：欲望。伴随欲望而来的总是故事，总是等待被填补的空白：侵扰、扰乱和激励人类行为的有意识或无意识向往。

每天，欲望会发生几百次变化，呈现无数副面孔和伪装。它可能表现为性欲，或对食物、酒精、药物的嗜好。它也可能展现为对金钱地位的渴望，对组织归属感的需求，时而融入群体、时而展现自我的需要。它还可能是与另一个人共度今生，与自然、音乐和通常所说的“宇宙”和谐相处的渴望。我们渴望留住过去，这是欲望。我们渴望未来的美好，这也是欲望。为了“变得”让别人更满意，我们刷牙、擦脸霜、刮胡子、买新衣服、订购新眼镜。（同时，我一位朋友曾说：“最难的就是照着镜子形容自己。”）

不用说，欲望是难以捉摸的。你以为捕捉到它了，它却慢慢消逝了。过了几秒钟，它又出现了。全世界范围内，每一种文化都能通向欲望和消遣。巴西人去海滩，跟悉尼人和洛杉矶人去海滩一样。美国人、中东人和印度人成群结队去电影院，或去商场。英国人聚集在足球赛场或酒吧里。要是你住在沙特阿拉伯，消遣可能就是去阿曼旅行。要是你住在阿曼，消遣就是去迪拜旅行。对于迪拜人来说，消遣可能就是去伦敦。对伦敦人而言，消遣大概就是去西班牙的安达卢西亚海岸、法国南部、美国加利福尼亚或佛罗里达。我们渴望的，就是我们以为缺乏的——某个人、某个地方、某件东西、生命中的某段时间。

我的工作就是加速版的人种学或人类学研究。差别就在于，我不会花很多年时间，在一个地方观察一群人，而是在另一个国家待上几星期，有时甚至是几个月。像所有人类学者一样——如果我可以自称人类学者的话——我认为，我是一个中立的中间人和评论者。我把各种小数据拼凑在一起后，再从中挖掘一条合理的故事线。那段日子里，我漫无目的地开始，漫无目的地结束，我依赖的就是随机出现的观念与启示。说到底，如果国家变了，文化政治也就变了。技术改变了人类，也让我们做出相应的适应和进化。

几年来，有人问我，像我这样一个丹麦出生的“外国人”，怎么能从一个国家到另一个国家，只为了弄清陌生国家的欲望。他们好奇，为什么这个陌生人来了，却只待很短一段时间？法国人不能更好地评判巴黎文化吗？澳大利亚人不是更了解新南威尔士和昆士兰吗？为什么不是在日本雇用一家日本咨询公司，在俄罗斯雇用一家俄罗斯品牌公司，或者在美国雇用一家美国代理机构呢？

问题是，我几乎可以肯定，当地的团队总会遗漏一些东西。人类学家、德裔美国人弗朗茨·博厄斯提出了“文化眼镜”的概念。这个词是指，我们在看待自己的国家时，会戴着“眼镜”。文化眼镜让我们了解自己的文化。但是，由于文化眼镜的存在，局外人一眼就看清的事实，我们却看不到。

例如，在日本，厨房和洗衣间这两个区域，只有结过婚的日本女性才“可以”进入。虽然没有法律明文规定，但这是一项不成文的习俗。

在日本这样的国家，3/4 的男人都负责家庭购物，却不知道家里日常需要什么。那么，一家日本公司或跨国公司怎么把东西卖给女人？大多数日本市场人员由于缺乏视角或缺少距离，意识不到这一点。几年前，在哥本哈根，我跟一个零售专家一起散步。他跟我一样，也是满世界奔波。

“丹麦人走路没什么条理，”他那会儿说，“他们到处走。”

他说得没错。我在丹麦长大，却从没注意到这一点。

有一种叫黾蝽的淡水昆虫——也叫水生蝽、水黾、池黾——它们喜欢轻轻地浮过池塘和湖泊。我认为，我就是商界的水黾。我还意识到，来到一个国家时不带固有思维，这是一把双刃剑。任何局外人都可能做出片面的概括，或幼稚的结论。但是，我一直相信直觉——不用确切地知道内情，就能快速地做出结论，不是靠经验积累，而是靠直觉。这样的直觉又是怎样的呢？

在一个被大数据占据的时代，我能与众不同，靠的就是亲身观察和小数据常识。我们做任何判断时，大多数人只用几秒钟，最多几分钟。我们总是自动搜索，立即反应。越来越多的产品和服务转移到网上，技术的发展让我们即时地理解人类行为。许多人开始认为，对人类的观察和交流过时了，甚至无关紧要。我一点都不赞成。谷歌有一位员工曾向我承认，目前上网人员有将近 30 亿人[4]，每天登录脸书的网上购物者有 70% 之多[5]，每分钟有 300 小时的视频上传到 YouTube（世界最大的视频网站，所有者为谷歌）[6]，全世界 90% 的数据是近两年产生的[7]。尽管如此，谷歌拥有的顾客信息却是有限的。没错，搜索引擎可以检测到异常关联（相对于因果关联而言）。这人告诉我，根据人们的输入方式和错字数量，软件获取人类感受的准确率为 70%。根据人们使用大写字母的频率，软件判定用户信用等级的准确率为 79%。然而，谷歌意识到，即使得到这些数据，也无法了解人类和人类动机。于是，就要请顾问过来，像研究了几十年的小数据专家一样做事。一位分析人员曾经告诉我："管理层不知道怎么处理大数据，于是所有人都开始寻找大数据时代后的东西——答案就是小数据。"

明略行公司最近发起了"市场营销 2020"研究。这是至今最全面的领导力研究之一，涵盖了对超过 350 位首席执行官、首席营销官和机构领导的采访。果不其然，作者马克 · 代斯恩 · 阿龙斯、弗兰克 · 范 · 登 · 德里斯特和基斯 · 韦德发现，许多营销机构迷失了方向。在《哈佛商业评论》刊登的一篇文章中，几位作者总结道，如果数据和分析属于"思维"，内容、设计和产品开发属于"行动"，那么市场人员关注消费者参与和互动，就属于"感觉"范畴。[8] 他们认为，三种范畴都很有必要。简言之，线上线下数据的融合——大数据与小数据的结合——是 21 世纪实现营销生存与成功的关键因素。

这是可以理解的。我们生活的时代里，线上行为与交流充满了潜台词和困惑。德语中有个词叫Maskenfreiheit，可以翻译为“面具赋予的自由”。上网的人都知道，我们包装数字化自我，偶尔匿名上网，创造了另一个人格。跟现实中的我们相比，这个人格几乎没有任何相似之处。你大概要说，技术的出现，让我们至少拥有两种人格、两个栖息地：一个是真瓦实墙的家，另一个是个人主页。有时候它们是重合的，有时候又不重合。

当我们匿名地徜徉网络时，那就不是“我们”了。我们不用真实姓名，不用真实面孔，不用真实身份。我们找到了最原始的自我。一些专家认为，出现这种现象是因为，坐在电脑前与人交流时，不容易产生同理心。这就像你走在路上，甚至开车时朝行人竖中指。2015 年，《纽约时报》指出，同理心来自两种途径：一种是自己经历过痛苦；另一种是“看到、听到，甚至觉察到你的行为伤害了别人——坐在屏幕后和键盘前是了解不到的”。[9]（或者，坐在车上也是了解不到的。）这就是网络行为的矛盾之处。在社交媒体上，我们从来都不是真实的自己。我们和别人匿名交流时，感受不到线下生活的任何语境。在网上，我们总是思前想后，展现深谋远虑。可是，我们的冰箱和抽屉却不是这样。因为，我们没打算让别人看见。

所以，在我看来，只有结合线上自我和线下自我，整合大数据和小数据，才能找到最真实的自己。在交流过程中，人们 90% 是通过非语言信号实现的。因此，只有研究我们真实的生活、文化和国家，才能找到最真实的自我。这些手势、习惯、喜好、厌恶、犹豫、装饰、密码、推文、演讲模式和状态更新，就是我所说的小数据。

在接下来的章节中，我将带你们一起环游世界，一起搜集小数据，一起发现解决难题的文化欲望。这些难题不亚于乐高的难题，却远远没那么简单。在信息时代，我们大多数人整天盯着屏幕看。我希望，本书能鼓励大家更加关注周围的线索，意识到我们所有人的相同点。品牌创建者和品牌所有人的使命没有任何区别，就是避免疏忽之罪。也就是说，对于周围的世界，我们根本没有警醒——神话学家及作家约瑟夫·坎贝尔称之为最严重的人类犯罪。

Small Data

The tiny clues that uncover huge trends

| 第一章 |

被刺激的欲望

西伯利亚冰箱门和沙特商场如何针对俄罗斯女性开创网站

想想你心中的世界，你会发现所谓的世界，完全是在围着自己的小世界转。我们都无能为力，因为这是不由自主的。我们描绘的宇宙地图上，也包含了你和我。这幅地图形成了无意识的导航系统，它犹如GPS（全球定位系统）一样，每天引领着我们。无论我们晚上是左侧位睡，还是右侧位睡，都要受到心灵地图的指挥。它决定了跟朋友或伴侣走在街上时，我们会靠哪边走。是走到他们右边，还是他们左边？是靠近路边走，还是靠近大楼走？上升到文化层面，我们的小世界也决定了我们的时间观念。比如说，在澳大利亚，客人肯定会迟到30分钟，通常还会带来一堆朋友，事先也不会通知你。在瑞士，客人总是按时到场，即便要迟到5分钟，也会提前告诉你。在日本，客人则会提前半小时到场。到了以色列，客人就要迟到 45 分钟了。

心灵地图甚至决定了我们的调味习惯。

西方的许多地区，在厨房和起居室的桌上，食盐罐和胡椒罐占有相当大的空间。众所周知，这样的瓶瓶罐罐大多是一样的：盐罐上有 3 个漏孔，胡椒罐上有 1 个漏孔。可是，如果你到了亚洲，由于亚洲国家对胡椒的钟爱和对酱油的文化偏爱，两种罐子的漏孔数会刚好相反：胡椒罐有 3 个，盐罐有 1 个。

这一发现，加上我几年来的记录，让我清晰地意识到：家里家外，物各有主。花园有花园的故事，小路有小路的故事，阳台有阳台的故事，邮箱有邮箱的故事。更不用说，围墙也有围墙的故事。石子、牡丹、插图、石像，都在诉说它们的归属。我要做的就是破译它们的语言。为什么油画或海报挂在这儿，而不是挂在那儿？还有玩偶、勋章、猫头鹰像、毛绒驴玩具、墙上的祖先照片，它们又有什么故事？

我们很容易把这些线索归结为个别现象，但它们却是普遍存在的。而在数字时代，它们甚至是难以磨灭的。我发现的一个现象，引出了这两个结论。

大约 10 年前，智能手机和平板电脑大量出现。很显然，对 40 多岁的男女来说，使用触摸屏是个挑战。他们已经习惯了在按键上打字，按下“开机”和“关机”键，拉动控制杆，扭动旋钮。他们成长的时代，不仅要比现在的触摸用力，甚至还要使劲敲打。但今天的触摸屏操作，通常不能浅尝辄止。世界各地的机场里，总有一两代人无助地围在触摸屏前，不知道怎么操作，或者按哪个键。这时，周围的 5 岁孩子却在熟练地点屏幕。看看一部手机或平板上的指印磨损分布，就能推断出主人的大体年龄。

从旋钮按键时代，跨越到触摸屏时代，产生了一些影响。首先，由于电脑和触摸屏记事程序的出现，我们的手写能力正在退化。其次，为了握紧智能手机，越来越多的青少年小拇指上出现了压痕。最后，我发现，人类作为一个物种，双手开始变得越来越无力。你会发现，高中生或者大学生握手时，常常双手无力。在男人中间，一次握手能反映出的微妙信息——有无活力、干燥程度、湿润程度、手掌大小——再也不重要了。

人们手上的力气都在变小。快速发展的消费品行业也注意到了这一点——这个行业就等同于廉价饮料和快速消费品，包括软饮料、加工食品和非处方药。制造商放松瓶盖的咬合力，让现在的车门更容易打开，让厨房抽屉开合不费力，主要就是出于这种考虑。

数字化的习惯甚至影响了我们吃东西的习惯。我自小在丹麦长大，我和朋友会在大热天里吃冰激凌蛋卷。我们先一圈圈地舔着吃，好像要把冰激凌封进蛋卷里。我们继续舔下去，等冰激凌吃完了，就从上往下啃，或者从下往上啃，直到全部吃光。

如果我们当今文化的一部分是直接获取，那么对即时满足的欲望转移到冰激凌蛋卷上，也就不是什么稀奇事了。我在环球旅行时，尤其关注数字环境下的孩子是怎么吃冰激凌蛋卷的。等的时间短了，也就没了“期待感”。孩子们不再一圈圈地舔着吃，许多孩子直接一口吞下。他们已经习惯了快速加载网页，几秒收发短信和邮件。于是，他们也要马上吃掉冰激凌。

缺少期待会对现在和将来的年青一代产生怎样的影响？在20世纪七八十年代，想看见商店里的一件衣服或邮筒里的一封信，要等上几周，甚至是几个月。所以，等待很容易就带上了浪漫色彩。今天，我们马上就能得到，然后呢？期待被缩短了，满足也随之减少了。我不由得想，今天的冰激凌与三四十年前的冰激凌相比，带给孩子的满足感是否一样？我把今天的青少年称为“电源插头一代”或“屏幕少年”。因为，他们经常在找最近的壁式插座。他们害怕没电，就像害怕丢掉手机，远离朋友，被流放到荒岛上，还不得不面对自我。

还有一点值得注意，智能手机的出现，让人们在饭店用餐的时间变长了。一位纽约市的餐厅所有人分析了21世纪初的情况，在克雷格列表网上匿名发表了一份研究报告。根据报告估算，在2004年，用餐者平均用餐时间为65分钟。到了2014年，这个数字上升到1小时55分钟。在2004年，用餐者走进餐厅，以45人为样本组，3人要求换个地方坐。样本组点餐平均花费8分钟，开胃菜和主菜会在6分钟内上桌。45位顾客中，有2人抱怨菜凉退了回来。用餐者付款后，平均在5分钟后离开。

10年后，一切都变了。现在，45位顾客中，有18人走进餐厅后，要求换个地方坐。从那一刻起，数字化生活就占据了主导作用。用餐者拿出手机，连上最近的Wi-Fi（一种无线数据传输技术），开始搜索信息，或者查看有没有人给他们的脸书状态“点赞”。他们常常忘了桌上的菜单。于是，当服务员问他们要不要点餐时，大多数人会说再等等。21分钟后，他们才准备点餐。其中，有26人花上3分钟时间给食物拍照。有14个人相互拍下吃饭的样子，要是照片照模糊或者照得不好看，还要重照一遍。在所有用餐者中，有将近一半的人会请服务员帮他们照合影。服务员照相时，会不会再多照几张呢？剩下的一般人把菜退回厨房，抱怨菜凉了。（其实是因为，他们10分钟都只顾玩手机，不记得吃饭。）等他们结完账，不像2004年那样要等5分钟，而是要等20分钟才会离开。用餐者出门时，有8个人因为思想不集中，撞上其他用餐者、服务员或桌椅。

失衡点出现了？没错，这也是美国现在非常盛行的现象。我在职业生涯中一直在探索的文化夸张现象，不仅存在于不同社群中，也存在于几代人之间。几乎可以预测，不同的社群总会呈现不同的特点。大体说来，在美国，共和党政府后就是民主党政府；在英国，保守党执政后，就是工党接管。纠正“不平衡”的这种无意识反映，也影响了我们的穿戴。这一代喜欢修身牛仔裤和宽领带，下一代就会喜欢宽松裤子和窄领带。这一波年轻人在青少年时期不留胡子，下一波年轻人就会一脸胡茬或者留着乱乱的络腮须。我曾在世界最偏远的地区之一——俄罗斯——执行复杂的工作任务。想想柏林墙倒下后的俄罗斯历史，我不由得想起“不平衡”这个话题。

在接到一个电话后，我开始了一次俄罗斯最东部地区的旅行。整个通话过程像拍电影，不过，写台词的一定是个糟糕的网络作家。电话那头是位俄英口译员的声音。他身后是自己的老板——一位莫斯科商人。那位商人想在俄罗斯开展一项新业务，目标是每年至少产生 10 亿美元的收益。我问了一个简单的问题——什么业务？那人说全看我自己。几天后，我和那位商人达成一项协议：我飞到俄罗斯，花几周时间采访俄罗斯消费者，看看能不能开发新业务。也许，我甚至要看看，能不能发现未知的国家需求或欲望。我的任务就是如愿以偿地发现一项能盈利的新业务。消费者需求和国家需求之间有什么区别？这要看情况。不过，这二者通常是交叉的。一项新业务通常源于文化失衡或夸大——某样东西太多或太少——这意味着，在社会上，这样东西不是缺失了，就是受阻了。就这样，把小数据一点点地搜集起来，我要一个人发现需求，想想怎么满足需求。

要找出产生这些失衡的欲望是个精细的过程。花的时间可能是两天，也可能是一个月，更可能是六个月。搜集线索的过程几乎从来都不是循序渐进的。有些线索行不通。另一些线索离奇古怪，还有点意思，可跟我的工作没有关系。这不是说，它们没有价值。因为即便是一次随机观察，在将来某一天，也可能让几千英里外的国家出现一个新产品。而另一个线索可能更有意义，最终构成了完整概念的基础。有时，我会把事情完全搞砸。或者，我效力的公司觉得，我的想法代价太高或不切实际。于是，我不得不再重新开始。不过，所有见解和知识都不会白费。我们的所见所闻、所触所感，都有其他作用。或者，一年、两年甚至五年过后，还会产生一种新视角。

在进入一个不熟悉的国家前，我要问自己几个问题。在遇到危机时，这个群体会不会联合起来？——比如说，意大利人、澳大利亚人或法国人。（比如说，不同的文化怎样展示自己的旗帜？瑞典人几乎从不展示国家色彩。相比之下，挪威人和加拿大人会在背包上贴国旗贴纸，后者是想确保自己不会被误认为美国人。）回答这个问题，最好的办法就是看看这个群体在国外旅行时的样子。当他们听到熟悉的声音，看到熟悉的服饰时，美国人、德国人和加拿大人会走过去，还是转身离开？如果在国外不愿意相认，通常出于两个原因：国家面积较小（例如，挪威人在国内时就是一个挨一个）或在国内的社会经济地位不同。通常情况下，我看到的一个国家的方方面面，是大多数游客看不到的。穷人遇到权贵会有什么表现？他们周围的气氛是怎样的——恐惧还是轻松？

抵达一个机场后，我做的另一件事是，选一辆外国人开的出租车。外国人会告诉你这个国家和这个群体的真实情况，这是本国人不可能说，也不愿意说的。一位在洛杉矶开出租的尼日利亚司机告诉我，他发现洛杉矶市的每个人都匆匆忙忙地买圣诞礼物，送给他们大多不了解的人。他不用告诉我，美国人的友谊屈从于无声的负罪感和功利性，尤其是在电影行业。丹麦通常被杂志和网络评为“地球上最幸福的国家”。然而，每年有成千上万的商务人士离开这个国家。在一个只有 560 万人口的国家，1/4 的丹麦女性承认承受高压。这不由得让人相信，有些评选可能有误导性。

而且在丹麦，每家每户的起居室里，都会摆着一套布里奥铁路模型。布里奥是一家瑞典玩具制造商，主营高质量的非机动木质火车和轨道模型。乍一看，丹麦家庭不仅生活幸福，给孩子的不是

iPad（苹果平板电脑）和电脑游戏，而是做工精良的传统玩具。而且，孩子的到来让他们混乱并幸福着。可时间一长，我开始注意到，丹麦家里的模型，根本没有破坏或老化的迹象。也就是说，根本没人玩过。充满童趣的轨道模型、漂亮的小火车，就像舞台上的小道具一样。表面的和谐其实显示了深层的民族焦虑。我再补充一句，丹麦制造商常常会提到“社交厨房”这个词。这是指一间造价昂贵、设施完善的厨房，却不常用来做饭，只是用作宴请宾客的背景。

在我的职业生涯中，到俄罗斯旅行和工作过很多次。这个国家有很多我喜欢的地方。我很欣赏俄罗斯人，尤其是他们的率真。在俄罗斯开展业务时，你会很明白自己的立场。我跟俄罗斯CEO和员工吃过几次饭，那场面有点让人不安。当时，CEO以第三人称谈论在场的人们，好像他们不在场一样。而其他人坐在桌前点点头，没人表示反对，也没人露出任何表情。打个比方说，要是你们正在谈判，俄罗斯人会从手边的抽屉里拿出刀子来，告诉你刀子就在手边。在美国，谈判时不用刀子。他们只是把刀放在手边，一直等到几天、几周或几个月后再用。在英格兰，英国人采取的方法，撒切尔夫人称之为“厨房内阁法”。他们笑容迷人，彬彬有礼，直到几个小时后，才到后厨开始真正的对话。经过分析全球10亿多条表情符号，我们发现，在种类繁多的数据中，英国人最喜欢使用“眨眼”的符号。这大概是要平衡他们的保守风格。[1]（对我来说，表情符号就是浓缩版的情绪，是社会情绪状态、社会失衡和社会补偿的客观反映。）

俄罗斯最大的缺点是缺乏色彩，至少我是这么认为的。到了俄罗斯后，好像呼吸的空气都不一样。我一登上去俄罗斯的飞机，就感觉头顶全是阴影。没人是生机勃勃的，也没人微笑或大笑。如果问俄罗斯人，到了其他国家，他们最喜欢的是哪一点。他们会说，最喜欢看别人娱乐。

在20世纪七八十年代，俄罗斯女人是“不允许”化妆的。虽然没有明文规定，这却是一个不成文的准则。在20世纪80年代后期，柏林墙倒塌后，一切都改观了。玫琳凯、美宝莲等化妆品公司首次进入俄罗斯，随之而来的还有夜店、舞厅、饭店、游戏公司、汽车代理商和范思哲等高端品牌店。俄罗斯迎来了现金流。从机场一直到莫斯科，高速公路上闪亮的广告牌和氖光灯，就像《生活多美好》中多彩的波多斯维尔市落入俄罗斯凡间。

2006 年，这样的局面突然结束。弗拉基米尔·普京宣布，赌博与酗酒、吸毒一样，都会引发共同犯罪。他还把赌场和老虎机店迁到边远地区，包括亚美尼亚、白俄罗斯、格鲁吉亚和克里米亚。一夜之间，莫斯科的色彩不见了。人们就像做了一场黄粱美梦。以前的晦暗换了副面孔，又回来了。很快，俄罗斯多多少少又回到原来的样子。但是，我后来发现，色彩的消失，还有别的联想和意义。

仲夏时节，那位俄罗斯商人租了一架私人飞机，让我和两个助理从苏黎世飞到莫斯科。我们花了几天时间，采访莫斯科的消费者。在那里，我们的瑞士飞行团队中加入了一位当地空勤。我们坐着飞机，穿越西伯利亚和俄罗斯远东地区的某些军事敏感地区。飞过 4000 多英里后，我们降落在克拉斯诺亚尔斯克市。在那里，我们见到了俄罗斯翻译、司机和一辆车。在接下来的 10 天里，我们在西伯利亚，从一个城市开到另一个城市，从一栋公寓开到另一栋公寓。到了晚上，司机开车送我们回机场坐飞机。在这四五个小时内，我们三个人分析了白天的发现，然后降落在另一座偏僻的俄罗斯城市。在大约 10 天时间中，我们穿越了 10 个不同的时区。在某一时刻，我们离东京只有不到 45 分钟的路程。

在 2010 年《西伯利亚之旅》一书中，伊恩 · 弗雷泽写道，在俄罗斯境内，没有一个政治实体或一块领土可以用“西伯利亚”命名。弗雷泽写道，世界人民把西伯利亚当作一个比喻。它暗示着被拒绝、被漠视的地理条件或社会条件。西伯利亚是饭店厨房门口的桌子，是家里看不到电视比赛的座位，是一场没人出现的聚会。从地理概念上讲，西伯利亚是指从北冰洋到哈萨克斯坦山区，再到蒙古和中国边境大约 800 平方英里的大陆块。美国作曲家欧文 · 柏林生于西伯利亚的秋明市，并一直长到 5 岁大。他的一位传记作者写道，柏林长大后，只留下一个儿时记忆：一场大屠杀后，他记得自己躺在路边的毯子上，望着哥萨克人把他家烧成灰烬。也难怪，在 19 世纪末 20 世纪初，他的父母移民到了纽约下东区。

俄罗斯远东地区毗邻西伯利亚最东部，再往北就是北极圈。在这里，天气极端，生活艰苦，外貌就没那么重要了。冬天的气温降到零下五六十摄氏度，夏天温暖而短暂。从 7 月中旬到 12 月，白天的长度由 21 小时变成 3 小时。政治正确性[①]在这里是不存在的。

---

① 政治正确性（political correctness），即一个公民有义务按照宪法规定，保持一国所奉行的政治原则和立场。——译者注

到了冬天，只有皮毛大衣、皮毛帽和靴子，才能抵御寒冷。最佳的防寒手套是狗毛制作的。一位俄罗斯时尚顾问告诉我，在西伯利亚边界，是没有时尚可言的，因为这里的天性是生存，而不是炫耀。

在莫斯科或圣彼得堡，游客们还能看到点色彩。到了俄罗斯远东的城镇，连那点色彩都没了。天空、湖泊、商店、街道、建筑、人行道和人行天桥似乎都没有一点生机，仅有的几棵树也是很久以前匆匆种下的。街道和人行道上，是齐踝深的雪白花粉。冬天，当地人的车一整天都不熄火。因为他们知道，不然的话，车子就启动不了了。时不时能看到爆了胎的废弃汽车，底盘已经生锈了。

一般情况下，我喜欢颠覆规则来跟人交流。如果不能跟本国人交流，就没法深入了解这个国家。谁都知道，人们会不自觉地传递出一些信号。我本质上是个“变色龙”。我会“变成”跟聊天对象类似的人，因为我们都喜欢回应最像自己的人。

在俄罗斯，人与人之间基本上缺乏信任，这就变得比往常更加困难了。大多数人不会直视你的眼睛。他们的眼神中带着忧虑和迷离。十几年前，朱利安·阿桑奇和爱德华·斯诺登还没成为新闻头条。当时，俄罗斯人就知道，他们的电话线正在被人窃听。我那位莫斯科的雇主经常带十几个手机。最重要的联系人，他一般都配有专门的手机。要是有电话响起，他就得翻包找出来。他接电话时声音很小，还会把手挡在嘴上，以防有人能读懂唇语。

我总在寻找确定一种文化的主题、标志、动作和行为。这些也将成为连接当地人和我这个陌生人的桥梁。我会出现在一个酒吧里或者露天农贸市场里。我会跟当地的政界人物待上一两个小时。我会立马出现在一个人烟稀少的俄罗斯偏远城市。所以，我要引起别人的注意。我要证明我很安全，即使得不到友谊，也该获得交友的机会。

我注意到，克拉斯诺亚尔斯克市的大广场上，大多数的午后时光，老年人都在玩国际象棋。很明显，人们通过相互关心，达到了一种良性的社群、友谊和实际互动。根据我的经验，人与人之间的实际接触越多，这个国家就越健康。这一点我稍后会再讨论。

在翻译的帮助下，我跟一位老人下起了棋。不一会儿工夫，周围就来了一堆人。随着棋局的继续，我能感受到自己正在融入俄罗斯人。至少，在当地人看来是这样。人群的表情越来越柔和，眼神中时不时还表达耐心或幽默。在某一刻，对弈的老人会抓住我的手指，替我走一步棋。几分钟后，人群里有人坐在了我身后。

我知道，一个陌生人来到我身边后，代表我已经通过了考验。虽然没一个人说话，但每个人都明白刚刚发生了什么：如果我赢了棋，或者体面地输了，别人就会认为我值得信赖。他们会认为，别管我做什么，都有权在他们的城市里工作。幸运的是，我棋艺一直不错。赢了一两局棋后，我知道，我已经放下了外来者的身份。

俄罗斯有一部标志性电影，讲的是主角下班回家后，发现走错了城市、公寓和房间。但是，由于俄罗斯的一切看起来都一样，他没有意识到走错，也不知道怎么回家。无论我去俄罗斯远东的哪个城市——克拉斯诺亚尔斯克、萨马拉、雅库茨克（俗称地球上最冷的地方）和西伯利亚最大城市新西伯利亚——95%的人口居住的公寓楼都是一样的。并不是类似，而是完全一样。大多数公寓楼建于“一战”和“二战”期间，楼高都是25层。楼边的铁栅栏一样高，一律刷着绿漆和黄漆。每栋楼周围，树木都建在相同的位置。楼前小草坪、楼边人行道上，是锈汤罐做成的烟灰缸，里面全是烟蒂。我偶尔看到大日头底下晾晒的一排衣服。几只猫在人行道上徘徊。空气里弥漫着一股动物死尸的味道。公寓大厅看起来很粗糙。不过，我后来发现，比公寓外部和大厅更重要的是内部陈设。如果住户把时间花在拾掇公寓外面，还可能受人攻击。最好还是不要在意了。

我首先注意的是西伯利亚人的门。门外会有好几道锁。我去过的每间公寓，每道门都装着厚厚的垫子。这是为了制造一个隔音空间，把住户与外部世界隔绝开。楼里的每间房都很注重功能。里面空间狭窄，简简单单。很少有住户花时间去装饰。大多数公寓只有两把椅子、一个沙发、一台电视机，或者还有一台电脑，就这么简单。

我走进一户人家，关注的第一件事就是艺术品。在我采访的人中，约有90%会在墙上挂艺术品。如果把一个住处比作一座城市，墙上有没有艺术品就是对城市近郊的第一印象。艺术品是城市界限开始的标志。进了卧室，你就更深入城市。随后，你进了厨房和浴室，进入一个人居住空间的“市中心”。我在获得允许后，通常会看看女人的手包，甚至是她们的衣橱。挂在她们手边的衣服是什么样的？挂得最远的衣服又是什么样的？

我后来发现，在俄罗斯，负责当家的是女人。因此，可以肯定，卧室里或衣橱里男人的衣服怎么放，反映的是女人的喜好，而不是男人的喜好。接下来的几周里，我碰见许多穿得破破烂烂的俄罗斯丈夫。他们似乎不关心外表，穿着脏兮兮的裤子、朴素的T恤和破旧的鞋子。卧室的衣橱里可能挂着时髦的男装，但是却从没穿过。那是妻子的意思。虽然她们从没那么说过，但那样挂衣服，似乎是为了唤回丈夫的浪漫。

如果你没养大过俄罗斯男人，你就没资格谈论俄罗斯女人。在俄罗斯境内，女人的寿命要比男人长很多，一个简单的原因是：酒精。2014年，美国医学杂志《柳叶刀》上的一项研究中，以俄罗斯三个城市为范围对象，花十多年跟踪研究了15.1万人。结果表明，25%的俄罗斯男人寿命不到55岁。其中，最主要的死因是肝病和酒精中毒。酗酒及酒精中毒发病率也与政治波动有关。1985年，当时的苏联共产党总书记是戈尔巴乔夫。他缩减全国的伏特加酒生产，立法规定商店在正午前都不准卖酒。酒类消费和整体死亡率都由此下降。苏联解体后，伏特加再次进入公众的视线。酒类消费率和酒精中毒死亡人数相应提升。无论怎么看，俄罗斯女人都不是禁酒主义者。但是，俄罗斯男人现在的平均寿命约为64岁。除了非洲国家，俄罗斯成为全球男人寿命最短的国家。

重要的不是俄罗斯人喝酒，而是喝酒的方法：就像兄弟会第一年的誓言。俄罗斯到处都是酒瘾君子。当地人似乎认为，这是俄罗斯人的必然选择，并且已经渗透国家的基因中。其他人就指责酗酒对寿命的影响。无论什么季节，跟我聊天的人手边几乎都有十几种不同的伏特加。在雅库茨克的一间公寓里，起居室沙发的夹层里甚至有一个隐藏隔间，打开后是一个神奇的小王国，里面装着伏特加、玻璃杯和一堆瑞士巧克力棒。看看巧克力包装上的日期，15 年前已经过期了。但那都没关系，重要的是主人拥有一个私人空间，那不只通向他们的梦想，也通向瑞士所代表的安全、高效、干净和秩序。

我把这条小数据写在记事本上。当时，我还不知道，它后来会起到关键作用。

俄罗斯到处都是酒精，尤其是我进入一间公寓时。我很容易感觉到两种生活——一个是看得见的，另一个是看不见的。一天，我采访一个俄罗斯女人，她问我想不想喝水。我抿了一口，全是盐水和泡沫，差点没吐出来。我像是吞了一口海水。当时，我不知道居然有人卖那种味道的水，也不知道她为什么会给客人喝那种水。（我后来发现，那种盐水来自附近的湖里。西伯利亚人认为它干净清爽，营养丰富。）那天晚上，回到酒店后，我意识到，盐水可以说是酒精的日常替代品。跟酒精一样，盐也很容易上瘾。如果酗酒者不能大口喝酒，他们就通常沉迷于别的东西——抽烟或咖啡——同样能给他们带来兴奋，但伤害会小一点。

我从这儿弄一条线索，那儿弄一条线索：不受重视的公寓外观、毫无生气的公寓大厅、隔音效果良好的大门。隔音门自然可以阻挡冬日严寒，但是，把门裹得那么严实，真的只有这一个原因吗？鉴于较高的酗酒率，女主人给我上了碳酸盐水。在俄罗斯，盐水是对酗酒者唯一的补偿吗？或者还有别的方式？如果酗酒行为是对封闭文化的伪装或掩饰，那么这是一种什么样的文化？

在俄罗斯，几乎跟我聊过的人都说，如果有机会，他们会住到其他地方。他们列举最多的地方有意大利、法国和瑞士。为什么选意大利和法国？因为食物。为什么选择瑞士？因为人们认为那里安全。许多俄罗斯人从没到过这几个国家，也不知道那里的生活怎么样。不过，那也没关系。重要的是，那里象征着美味、休闲、浪漫、美女、调情、自由和微笑的人们。如果第一条线索解决了欲望和不满，第二条线索就要解决志向的问题。这就引出了另一个话题，在生活艰苦、生存至上的俄罗斯，当个女人意味着什么？

我之前提到过，我一直在寻找某种文化中的夸大因素，也叫突出因素。我几乎马上想到了两个商业创意。第一个创意，开一个网络诊所，在某个时段，医生会为病人提供在线诊断服务。但是，我很快发现，俄罗斯的医疗设施款款俱全，网上诊所几乎无法生存。第二个创意，我发现几乎每个人都会养一只狗，或养一只猫，或者一样养一只。那为什么不开一家网上宠物店？然后，我发现，宠物主人很少为猫狗花钱，通常只是拿剩饭喂宠物。我只好再做些深入研究。

接下来的一条线索，不如说是一种观察结果。我参观的每一栋公寓，都那么平淡无奇。相比之下，我采访的每个女人都涂着红红的嘴唇。为什么俄罗斯女人要化那么浓的妆？她们把嘴唇涂成那样，到底想传达什么信息？那是我们需要关注的信息吗？如果是这样，又是为什么？什么样的文化或环境，让女人认为没得到应有的关注？

这件事听起来可能太夸张了。但是，人们都喜欢反抗自己国家的不平衡问题。他们在有意无意中就这么做了。比如说，每次去美国时，我注意到的第一件事，就是没人会碰别人，尤其是男人。在美国，肢体接触被认为是性暗示。同时，美国文化过分重视体育运动，尤其是橄榄球。在橄榄球场上，男人可以相互触摸、击掌、摔跤和拥抱。在法国，最著名的是精美食品和饕餮盛宴。然而，法国也是快餐第一大国。这些快餐中，也包括速冻食品。法国是世界上麦当劳收入排第二的国家。再说说世界上最有礼貌、最克制的国家之一——日本。在这里，如果你跟女人提起性话题，她通常会脸红。但是，日本也是“性爱酒店”最多的国家。为了保护女性不受骚扰，日本的火车上还设有女士专用车厢。

再回到西伯利亚，我忽然明白了，红嘴唇象征着女孩的内在——她内心渴望表达，却无法让别人看到。红嘴唇也是女性控制家庭的方式。它代表了一位声情并茂、口无遮拦的“大嘴巴”。它代表了放大的女性特征和对抗特征。我采访过一位俄罗斯女士。她穿着黑色T恤，胸前印着一只握着MK-47的白色波斯猫。这T恤似乎在告诉全世界，它的主人可能内心温柔，但她会毫不犹豫地杀了你。我让另一位俄罗斯女士画张像，她画了一群鱼儿游泳的美丽壁画。那种鱼是我以前从没见过的。那是一种风格化的动物，有着贝蒂娃娃[①]一样的眼睛，不过眼神更加肯定。但是，那种肯定来自哪里？——像花朵盛开似的红嘴唇。一天后，另一位女士画了一头老虎，也是大红嘴唇。

女人是猫，女人是老虎，女人是大红嘴唇。在那种场合，我甚至不知道自己看到了什么。但是，我全都记了下来。一起记下来的，还有另一个奇怪的事实：哪个地方都没有镜子。

在一些人家里，镜子通常挂在衣橱、床边或浴室墙上——里面还有在游乐园看到的厚纸板。在游乐园，孩子们把头伸进硬纸板洞里，就能装上王子、勇士或肌肉男的身体，成为他们或他们父母最喜欢的角色。

在别处，没有镜子的房子是很罕见的——事实上，这样的房子几乎是不存在的。许多人习惯每天照几次镜子。（在我所在的公寓楼，工人们最近把直梯里的镜子裹上了塑料膜，准备迎接新住户。我注意到，有人会在塑料膜上戳个洞，这样她回家前还能在电梯里照照镜子。）但是，我看到，连浴室的镜子都是模糊的。有的镜子

① 贝蒂娃娃，美国的卡通明星，于 1930 年 8 月 9 日面世，由美国纽约费雪兄弟工作室（Fleischer Studio）设计。——译者注

碎了或者凹陷了。如果镜子是人类艺术品，那么我看镜子就像是回忆。我看见，许多卧室的抽屉里藏着木柄的小镜子。镜子的木柄纹理平滑，应该不常用。镜子的缺乏，让我开始认为，俄罗斯女人小心地保持沉默，是为了满足别人的需求。鲜艳的红唇是为了引人注目。但同时，这些女人却尽量不照镜子，这讲不通。或者说，这讲得通吗？

我和许多俄罗斯女人聊过天。几乎每一次，我都能亲身见证两种现象：一个是女人的红嘴唇，另一个是文化赋予当地人的“男性”特征。从外表和交谈来看，俄罗斯女人实际、果断、严肃。当丈夫们从事矿业、石油和林业等体力劳动时，显然是妻子们维持了家庭的完整。她们的主要目标之一，就是不让丈夫沦为酒精的牺牲品。更多的证据表明，俄罗斯女人在当家做主：我进入的每一间浴室，女人们都会把牙刷头朝上，放在同一个杯子里。相比之下，男人的牙刷通常头朝下放着，好像在说，他们会把脑袋埋在沙土里。

我不由得想起一位俄罗斯女人。我管她叫“橙色女士”，只是因为她的小公寓里全是橙色。桌巾、腕带、袜子、冰箱贴，甚至是小玻璃缸里的鱼儿，都是鲜艳的橙色。直到看见她起居室墙上挂的一幅画，我才开始把橙色与更多事联系起来。画上是一个小女孩，从头到脚都穿着橙色，站在灰褐色的街上。我意识到，那就是我眼前的女人，只不过是她小时候。

想到这里，我问起她的童年。她告诉我，她从小在雅库茨克长大，从来都没离开过。小时候，她想要一个玩具屋，可她父母负担不起。每当她要玩具时，得到的都是同样的答案。她心里的玩具屋和玩具都是橙色的。于是，她最想要却得不到的两种东西都是橙色的。

跟我见过的所有女人一样，“橙色女士”似乎急切地想表现自己女性化的一面。在俄罗斯，创造性通常被抑制了。学校告诉孩子，几乎所有问题的答案都能从公式里找到。在这样一个刻板的理性社会，对创造性和情绪化多少有一种敌对态度。人们喜欢灰色，如果不接受灰色，喜欢色彩和想象力，就可能被视为“同性恋”——那在俄罗斯可是一大耻辱。唯一的例外是芭蕾舞，难怪波修瓦大剧院那么受欢迎。

色彩、想象力、隔音门、红嘴唇、没有镜子，这些东西在俄罗斯文化中扮演着什么角色？但结果证明，最重要的小数据就在我身边：冰箱门上的许多磁贴。

我拜访了几次，才注意到它们。冰箱贴总能与周围的环境融合在一起。然后，有一天，我突然意识到：每台冰箱上似乎都有许多磁贴。它们不是与视线平行的，大多数是在手腕的高度，或者稍高一点。但这是为什么呢？我知道，大多数人都会贴几张冰箱贴。许多冰箱贴看起来或诙谐，或伤感——比如“生命短暂，不如喝杯小酒”“只有培根会说‘我爱你’”之类的。还有人贴上孩子的图画、食品清单或待办事项。赶时髦的人贴上生鱼片磁贴、低音吉他，或者鬼马小精灵、巴特·辛普森之类的复古卡通角色。但是，俄罗斯远东地区，冰箱贴一般不会只有几个，而是 20 个、30 个，甚至是 40 个或更多。我拜访的人家，只要有孩子，厨房里的冰箱上都贴满了磁贴，就像金属壁画一样。

从此以后，我决定问问那家人，某张冰箱贴是谁贴的。答案往往是一样的：中间的第一张冰箱贴是妈妈贴的。下一张冰箱贴通常由爸爸负责，通常贴在妻子磁铁的右侧。然后，孩子直接贴到父母的下面。

其他冰箱贴把母亲的冰箱贴围在中间。她是联系家人的桥梁。

经过进一步确认，我发现，俄罗斯文化的核心是女人。从象征的角度来看，我看到的冰箱贴意味着自由、逃避、出国旅行和异国城市。它们与孩子的视线平行，似乎在说："未来就在前方。你想做什么都可以。"

但现在，我开始对观察结果进行小数据分析，希望能带来一些有价值的线索。我知道，这些冰箱贴上融合了人的期望。但是，我说不清是怎么融合的，甚至不知道能否挖掘出来，因为现在没有明显的证明。这些冰箱贴与发布照片、设计和艺术品的Pinterest网站有什么区别？据我所知，针对全球范围内的表情符号使用，英国科技公司SwiftKey曾做过一项研究。结果表明，俄罗斯人是最浪漫的群体，"是一般人使用浪漫表情频次的3倍"，尤其是桃心和花朵。在我看来，对于一群不爱微笑的人来说，这是对灰色建筑和单调色调[2]的一种补偿。但是，这表明他们在线下是什么样的？人类都需要一个表达途径，我喜欢称之为"绿洲"。其实，"绿洲"不是出发点，而是一个可以放松和宽慰自己的出口。对俄罗斯男人而言，"绿洲"就是夏日里与好友泛舟垂钓，畅饮啤酒、伏特加和俄罗斯干邑。迷恋酒精或其他任何事物，本质上都是寻找一种转变和超越，一种对身份和地位的逃避。人类是不可能超越的。但是，我们却一直追求超越，直至癫狂或放弃。

冰箱贴展现出俄罗斯女人更温和、更精美、更直观和更“女性化”的特点。至少，在我看来，冰箱贴已经成为她们希望、梦想和志向的储藏室。它们不只表达了对逃避俄罗斯冷酷环境和男性文化的愿望，还象征了俄罗斯母亲的梦想——希望有一天，她们的孩子活得更轻松，更精致。第二天，我围着当地的庭院漫步了一会儿，才证实了这个发现。

俄罗斯操场跟附近的公寓楼一样暗淡无色。在西伯利亚，我去过的每一块操场，都是父母坐在操场一边的长椅上聊天，孩子在操场另一边玩耍。一天下午，在两场采访之间，我看旁边没有别人，就荡了会儿秋千。几分钟后，我摸到了什么东西，那是磨损的秋千绳。靠近秋千板的地方，绳子就比较光滑。往高处看，绑横杆的地方，绳子磨得都掉色了。不高不低的中间位置，绳子用得最多。我从中看出了一些事：荡秋千的不是孩子，而是父母。这点我也不觉得惊讶。在西伯利亚，我遇见的孩子似乎都没那么活泼。哪怕在短暂的夏日，他们也喜欢在室内玩耍。大一点的孩子喜欢跟着朋友，三五成群地去酒吧。不对，秋千是父母们的童年印象，所以他们才据为已有。我由此证实，在生活中，俄罗斯父母——尤其是俄罗斯母亲责任太重，缺乏自由、释放和时间。简单说来，他们缺乏的许多特点，也通常会传给孩子。

俄罗斯文化的热情就存在于这些冰箱贴中。而这样的热情，也正是俄罗斯文化缺乏的。从冰箱贴上，我形成了一个概念雏形。如果我两年前没有去沙特阿拉伯，帮忙设计一家新购物中心，我恐怕永远也意识不到这一点。

沙特阿拉伯是一个新兴市场。它拥有全球16%的石油储量，石油经济的繁荣，使它成为世界上最大的石油出口国——在那里，没有哪个不是过着奢华的生活。在这个国家，到处都是法拉利和兰博基尼，人们消费时也是一掷千金。所以，新建的商场也必须耀眼夺目。

但是，从搜集线索的角度，沙特阿拉伯拥有极其复杂的文化。因为，有些礼仪是外来者很难接受的。我敢说，你一定知道，对女性而言，沙特阿拉伯是个极其压抑的国家。在2014年，根据评估142个国家的性别平等状况，世界经济论坛把沙特阿拉伯排在第

130 名。[3] 它是世界上唯一不允许女性开车的国家。而且，未经丈夫、父亲、兄弟或儿子等男性监护人的允许，女性不能旅行、工作、上学，或申请医学程序。在这样一个社会，西方人很难决断什么是理性。而且，雇用我的商场开发商知道，女人是家庭的主要采购人和决策者。所以，任何零售创新都要考虑她们的需求。可是，商场工程的参与者大多都是男人，这确实是个挑战。

在一个伊斯兰教法主导下的国家，相比“宗教警察”说沙特女人应该要什么，她们真正想要的是什么？宗教警察，即美德促进与犯罪防御委员会，是由一群男性组成的。他们在城市、小镇、餐馆、咖啡厅、商店和商场里巡逻，报告和纠正所有败坏道德的行为。他们负责落实着装规范，并确保在中午、下午、傍晚和夜间祈祷期间，所有商店都关闭半个小时。在这样的环境下，想哄女性说出自己的真实需求，几乎是不可能的。“我喜欢能预料到的惊喜。”一位沙特女人对我说。我想，这就是沙特阿拉伯人的本质心态。

从某些关键方面来说，俄罗斯和沙特的人口很相似。俄罗斯的严寒让人麻痹。在有些地区，俄罗斯人有半年时间都会待在家里。

在沙特阿拉伯，由于沙漠的酷暑，人们也会产生相似的行为。在我的“潜台词研究”中，俄罗斯人和沙特人都表达了对国家领导层的失望。两个国家的许多人都告诉我，他们很希望搬到另一个地方。两国的区别在冰箱贴上。在沙特阿拉伯，大多数是著名的国际标志：塞纳河、大本钟、伦敦桥、埃菲尔铁塔、罗马竞技场。那么，俄罗斯人和沙特人的冰箱贴之间有什么联系？他们都想要逃离，都想出去旅行。只不过在中东地区，对逃离的需求，是通过熟悉的符号呈现的，比如埃菲尔铁塔。

当我到沙特人家里，开始采访沙特女人时，是当地女性第一次接受营销人员的家访或采访。我并没有申请或获得允许。理论上来说，我所做的事是违法的。该国有不成文的规定，除非女性的丈夫或父亲在场，否则男女是不可以独处一室的。哪怕丈夫或父亲在隔壁房间，这样也是不允许的。很显然，我需要谨慎对待。

比如，在沙特，我访问过的每一间公寓里，窗户都挂着厚厚的窗帘，根本看不出是室内，还是室外。俄罗斯也有类似的情况，厚厚的窗帘是为了抵御室外的极端气候。但同时，我也怀疑，沙特的厚窗帘是不是和着装规范一样，都是为了给服从增加一层保障。在阿拉伯地区，"希贾布"① 可以直译为"屏风"或"窗帘"。据我所知，《古兰经》规定，男性穆斯林问候先知穆罕默德的妻子时，中间必须隔着一层幕布。这种幕布是否在无意中传达了某种宗教意义？我采访了当地的几位宗教领袖，得到的答案却是矛盾的。我发现，如果街边哪一家的窗户没有挂窗帘，宗教警察就会开出罚单，这是众所周知的。可是，当我在采访中问沙特男人，拉上窗帘是不是一种宗教规定。得到的答案却是，那是出于礼貌。拉窗帘似乎是一种传统，一种受宗教警察监督的自觉习惯。

我偶然发现的下一条小数据，是与性别无关的。

我之前提到，有关顾客特点的第一条线索，一般都来自他们家的墙上。我访问了三四次才发现，沙特人的墙画都有一个主题：水，比如溪流、湖泊、瀑布、海洋。（值得注意的是，在线聊天中，阿拉伯人用花朵和植物符号的频次是一般人的 4 倍。[4]）我只是出于好奇才记下了这些。说到底，许多画的主题是水。在一个以沙漠为主的内地国家，没有河流、湖泊、池塘、溪流和瀑布，只有用来淡化海水、提供饮用水的蓄水层。毫无疑问，这样蓝色的蜡

① 希贾布，穆斯林妇女戴的面纱或头巾。——译者注

笔画能让人镇静。

几年前，我为高露洁做过咨询服务。我从中得知，全球销售的所有牙刷中，大约有40%的牙刷柄是红色的。但沙特的牙刷却不是这样，只有2%的比例。而且，该国的牙刷柄也没有橙色，黄色也很少，这是很特别的。牙刷中没有灰色、黄色和橙色，这暗示了什么？

接下来的一周，我开始注意托盘上果汁杯的摆放方式。它们一个挨一个地摆放，而不是摞在一起。在沙特，橱柜里的水杯，十有八九也是这样摆的。这样，就不会掉落或打碎。克制通常源于恐惧。我第一次发现，恐惧已经渗透沙特人的家里——但那是对什么事的恐惧？

我又匆匆记下了一些小数据。沙特人家的时钟和大多数女人的腕表，都比实际时间快5分钟。在阿拉伯文化中，没有幸运数字的说法。但是，伊斯兰教五功[①]表明，沙特当地人为了抵消某种无名恐惧，就在家里制造光环效应，以此驱散厄运或不幸。

同时，那么多的埃菲尔铁塔冰箱贴，到底是为什么呢？它们几

① 阿拉伯伊斯兰学者依据《古兰经》启示内容，将五项基本功课概括为：念、礼、斋、课、朝。——译者注

乎无所不在。它们出现在窗台上。它们可以当压纸器和桌饰。我一开始没注意到，原因是埃菲尔铁塔是一个土气的标志。有些沙特人去法国会带回纪念品，这就不说了。但是，他们为什么会带那么多埃菲尔铁塔的冰箱贴呢？

我的第一反应是，埃菲尔铁塔是欲望的标志。“欲望是没有止境的。”[5]美国诗人罗伯特·哈斯曾经这样写道。我不由得再次想起，每一户沙特人家里，墙画的主题都是水。在象征意义方面，埃菲尔铁塔和水没有区别，不是吗？有人说过，蓝色是对远方的期望，那是人类永远无法到达的地方。如果我们想摆脱欲望，要么选择投降，要么抵御它、否认它。但是，欲望会时不时地出现在我们的生命中——无论是酒精、毒品，或者唤醒回忆的音乐。如果欲望没被满足，就会通过其他途径发泄出来，比如巴黎机场买的古玩纪念品，又比如画着溪水、河流或瀑布的图画。

在旅行途中，我还特意观察了沙特孩子玩耍的样子。我注意到，他们的举止中也充满克制和谨慎。他们似乎不爱玩捉迷藏类的游戏，反而以保护和照顾类为主。我从书架上拿下的童书，大多数也是相似的主题。这表明，我从沙特母亲身上发现的恐惧，都传递给了孩子。浏览一个国家的童书，通常是很有启发的，因为童书帮我们建立了最初的期待。我遇见的沙特母亲，也是看着这些书长大的。

最让我惊讶的是故事的环境和背景。这些故事很少发生在贝都因人①的王国。如果是这样，沙特童书里的世界，就跟他们的现实世界截然不同了。他们的童书里不是一望无际的暑热和沙漠，而是绿洲、农场、溪水、水磨、垂柳，还能看见附近山峰上的皑皑白雪。珍奇的小动物在悠闲地漫步。通过一个故事，让一个瑞士风格的幻想中，加入了充满水源、纯洁和天真的梦境。

但是，沙特孩子喜欢的玩具，却是对天真的挑战。他们将近4/5的玩具是消防车、救护车或警务车。在为乐高工作期间，我曾拜访过千百间孩子的卧室。这个现象绝对是不正常的。孩子们喜欢警务车和消防车，是不是受到了电视节目或电影的影响？在认真观察了阿拉伯和其他国家的电视节目和玩具销售后，我发现，答案可以说是肯定的。但是，这不足以解释为什么救护车那么多。再深入

① 贝都因人，在阿拉伯半岛、叙利亚或北非沙漠地区从事游牧的阿拉伯人。——译者注

挖掘，我发现在沙特阿拉伯，儿童急救类玩具的销售量比世界其他地区高49%。

不用说，中东有许多沙子和尘土。我跟着一位沙特女士和她的司机去附近的商场。看到车座包裹着塑料纸，我一开始觉得没什么。随着接下来的拜访，我注意到，许多家里的遥控器也包着塑料纸。许多椅子和衣橱里的新衣服也是这样。在中国人的家里，也有类似的现象。但是，那是因为在中国的城市里，经常能看见可怕的浓雾，人们想避免细菌和感染。但是，沙特阿拉伯没有明显的污染问题。那些塑料纸与沙特男女的不自由有关系吗？塑料纸是希贾布的象征吗？沙特人屋里厚厚的窗帘，甚至洗手间里没有亮色的牙刷，与这些塑料纸又有什么关系？

到目前为止，我相信，玩具消防车、救护车、警务车，再加上许多日常物品上的塑料纸包装，都是源自一种欲望——面对某种未知的文化恐惧，他们渴望获得保护。沙特的孩子从小就能感受到文化里的恐惧。但是，我不知道这是为什么，也不知道这是什么恐惧。

我联系孩子卧室里的警务车，开始追问自己水的意义。答案很显然，水能灭火。但是，在沙漠里能灭什么火？不过，我知道，我有了新发现。接下来的几天里，每当我跟沙特女人提起火的话题，就好像戳中了她们的痛处。没人能告诉我真正的原因。不过，她们对火的恐惧是一种病态。她们告诉我，她们害怕火焰，怕被火烧死。她们大多害怕烧毁建筑、酒店和摩天大楼，担心购物中心会着火。在沙特阿拉伯，还没有哪个商场着过火。但是，人们相信着火是经常发生的。也许，人们是害怕被闷死，因为沙特女人戴的希贾布好像能让人窒息，甚至把人闷死，至少在西方人眼里是这样认为的。

我开始分析沙特人最爱的建筑和最想去的旅行目的地。同时，我仔细观察采访对象的相册和电脑硬盘。所以，那个商场请我来，就是设计出一个逃离现实的地方，好让人们躲开对火的文化恐惧。最后，我联系到三位沙特的女性心理学家。她们帮我揭开了所谓“相反的”象征，这些象征将有利于抑制和缓解民族妄想。

这种相反的象征在儿童医院很常见——例如墙上的动物卡通，就能在看病时安慰孩子们。我们一起创作了一张巨大的“恐惧”地图，再用“梦想”和“逃避”抵消这些恐惧。这对商场未来的建设有着至关重要的作用。我只知道：别管商场最终是什么样，只要不注意对火的文化恐惧，我们就不会有顾客。

几个月后，商场动工了。沙特的大多数商场有一条长廊，长廊两边都是大理石搭建的商店，店前总是冷冷清清。大多数商场的设计修建者，都是与王室有着密切联系的开发商。商场本身也反映了王室的权力、神秘和遥远。顶灯不是暗淡，就是刺眼。走廊之间容易产生回音，音响效果很差。其他商场走的则是浮夸路线。沙床上放着巨大的雕像和人造棕榈树。在这样一个王国，当地人更喜欢被西方图腾包围。这样的风格真是令人啼笑皆非。

我们的商场却与众不同，因为它更关注人性。我和设计团队一致同意，我们不会使用红、橙、黄等颜色。我们的设计围绕水的形象，让几条大水渠穿过商场。我们的目的是，尽量从视觉上打消火焰或燃烧的影响。我们增加了鸟叫声和湍流的河水。在建筑师和设计师的帮助下，商场变成一个充满水形象的梦幻世界。这里有喷泉、溪流，甚至包括一个由瑞士小屋、雪山和滑雪道组成的冬季景观。这是为了给沙特女人安全感。同时，这也反映了她们在成长过程中获得的呵护和温暖。如果我看到，在沙特人家里，杯子的摆放是为了避免摔碎，这就跟害怕大楼着火一样。那么，我敢肯定，商场景观里的小山也应该靠近地面。这幅场景的镇静引起了艰苦环境下受保护的感觉，排除了对“塑料包装”的隐性需求。在这样舒适完美的环境下，人们为什么还需要那么高的免疫水平呢？

这些与俄罗斯远东地区又有什么关系？其实，是有一些关系的。与沙特阿拉伯一样，俄罗斯社会比较封闭，又很难逃避。在俄罗斯，女人几乎无法显露自己的表情。在沙特阿拉伯，女人甚至不能露脸。在两种文化中，几乎没人愿意公开表达创意，社会的主宰是统治者和宗教。俄罗斯有弗拉基米尔·普京和当代的克格勃——联邦安全局。沙特阿拉伯有伊斯兰教和伊斯兰教法。但是，在中东地区，家庭的中心是孩子，而不是女人。由于女人不能展示身体或暴露身份，孩子就会为她们显露表情。沙特女人不能表达的，沙特孩子，甚至年轻女孩都能表达出来。与俄罗斯一样，在沙特地区，最受欢迎的是意大利饭菜。俄罗斯的冰箱贴贴得比较低，孩子们都可以拿来当玩具。而在沙特阿拉伯，冰箱贴是用来装饰的，大多数孩子都够不着。俄罗斯需要玩具，沙特不需要玩具。

如果我没在沙特工作过，就不可能发现冰箱贴的秘密。我也不可能再次意识到，在男人与女人、自由与约束、表象与实质之间，存在一种不言而喻的平衡。当一个社会失去平衡，当地人通常会想办法弥补自己——或者像这样的逃避。在俄罗斯，酒精是一种逃避。在荷兰，大麻是一种逃避。在美国，处方药是一种逃避。那么，俄罗斯人在逃避什么呢？

通常情况下，沙特家庭有能力带孩子旅游，而大多数俄罗斯家庭做不到。因此，俄罗斯家里有许多冰箱贴，表示他们希望带孩子去却去不了的地方。俄罗斯人也爱他们的孩子吗？是的。他们也希望尽到父母的责任，为孩子的长途旅行埋单，让孩子看看这个世界吗？是的。但是，我说过，出国旅行通常超过了俄罗斯人的平均预算。相比沙特家庭，俄罗斯家庭把冰箱贴当成一种补偿方式，放在孩子看到、摸到的地方，这也许能为孩子带来灵感。

冰箱贴犹如绿洲，是用来逃避的充电站。俄罗斯男人的逃避方式是喝酒。而据我猜测，冰箱贴就是俄罗斯女人和孩子用来放松的绿洲。本质上说，绿洲属于过去。随着时间的推移，它们在浪漫、神秘和深度中逐渐扩大。如果我们大多数人都跟随记忆——玛莎葡萄园岛的夏日之旅、童年时期的欧洲之旅——寻找现实中的绿洲，那么我们很可能会失望。我们的记忆中，这些地方会变得与众不同，甚至有些不真实。冰箱贴位于家里访客最多的房间，表达了抵达梦想地点、获得梦想经历的愿望。它们把来自巴黎、伦敦和东京的活力，直接带到了俄罗斯远东地区的厨房里。它们让俄罗斯女人和孩子通向另一个地方、另一个时间，给他们带来狂喜和活力，然后再送他们回到日常生活中。

在沙特和俄罗斯，生活非常不易，人们通常没法逃避。在过去的几年中，许多住在国外或出国旅行的俄罗斯人告诉我，他们很不适应其他文化。俄罗斯有句名言："你出生的地方，是最适合你生活的地方。"大多数俄罗斯人认为，唯一能让你认识自我的地方，就是你出生的国家。

然而，关于俄罗斯远东地区的生活，最让我印象深刻的是，几乎每个我到过的城市，都有一种集体归属感。我有一种奇怪的感觉，我也在最后一刻找到了那种感觉。在新西伯利亚的一个庭院，我看到两个俄罗斯男孩拿着石块，兴奋地玩传接游戏。这与美国和欧洲地区是不同的。在那些地方，一款新的智能机应用，至多带来片刻的兴奋，就会让人厌倦。互联网在许多俄罗斯农村地区渐渐普及起来，甚至最远到西伯利亚。但是，互联网想要深入发展，还要一两年的时间。有个男人告诉我，由于俄罗斯政府限制任何个人创意或创业，“自由”只能在网上实现了。网络成为俄罗斯公民表达自我的唯一途径。在网上，他们可以不用害怕被报复了。

如果俄罗斯不存在信任，当地人自然也不会相信网络。在俄罗斯，最受欢迎的社交网站是VKontakte.com（VK），拥有1.1亿用户（脸书的用户为1000万）。网络隐私在俄罗斯是非常现实的问题。2014年，弗拉基米尔·普京签署了一项法律，要求到2016年，所有互联网运营商都要储存俄罗斯境内的用户数据。他说，如果哪个公司拒绝服从，就会禁止从事网络行业。这意味着，俄罗斯服务器上的所有数据都会受到审查。补充的法律规定还要求，日浏览量高于3000人次的博客，必须在官方注册为“媒体”，以获得政府监督。随着2013年的乌克兰政治剧变，VK创始人帕维尔·杜罗夫登上了新闻头条。原因是，他拒绝将乌克兰抗议者的信息交给俄罗斯安全机构，也不愿意屏蔽阿里克谢·纳瓦林的讨论页面。纳瓦林反对腐败，喜欢批评普京。杜罗夫反而把政府命令贴在了他的VK主页上。不过几个月后，杜罗夫就被免去了VK的CEO一职。杜罗夫是自由的长期支持者。他对外澄清，VK已经被俄罗斯政府接管了。

即使在政府插手前，俄罗斯的电子商务就是网上订货，然后在附近的零售店提货。就好比说，你从亚马逊订书，然后去你家附近的亚马逊仓库取书。如果你在俄罗斯订购，不保证包裹按时到达。甚至，连包裹能不能到都无法保证。

一天晚上，我回到酒店，把搜集到的小数据都写在记事板上——照片、视频、笔记、观察和想法。我回想每间公寓里的冰箱贴。我想起“橙色女士”，想起她小时候最喜欢却无法获得的两件东西——玩偶屋和玩偶，想起我们年轻时最渴望的东西带来的情感力量。我想到俄罗斯父母，尤其是俄罗斯母亲的负罪感——他们小时候没有获得的，也无法满足孩子。然后，孩子房间里没有镜子，操场上的秋千绳上端已经被磨损。然而，一切都归结为冰箱贴内单纯的情感力量，归结为俄罗斯社会的不平衡：挫折、怀疑、寒冷的天气、俄罗斯父母对孩子的热望。对孩子的专注源于磨损的秋千绳，源于儿女头上戴着王子和勇士的硬纸片王冠。突然，我有了自己的商业创意。

在接下来的几天、几周内，我开始谋划一个面向俄罗斯母亲和孩子的大型网站，我们称之为Mamagazin，俄语中的意思是“妈妈的店”。我们的目标是，打造俄罗斯最可信、最可靠的电子商务网站。直觉告诉我，为了克服俄罗斯普遍的怀疑态度，能帮我宣传网站的群体是俄罗斯母亲。通常情况下，她们也许负责管家，但几乎没人听她们说，没人在乎她们的观点。几乎每个俄罗斯女人都告诉我，她们感受到许多不友好和疏远。在西伯利亚的现在和未来，最强大的女性社区应该在网上。

于是，“妈妈的店”就成为第一个尊重和倾听俄罗斯女性的在线社区。它由妈妈建立，为妈妈服务。没错，它首先是一家公司。但是，它也是妈妈们交流经验的地方。在打造网站前，要询问妈妈们的意见，也是这个原因。在俄罗斯，我们发现，为了节省运费和手续费，大多数妈妈会结伴购买玩具。相应的，我们搭建的商业体系允许妈妈们完成一个订单时，用一个账户就能分担费用，甚至分享产品。我们注意到，俄罗斯约有40%的玩具是祖父母买的。于是，我们还打造了一个系统，允许祖父母提交孙子或孙女的个性与梦想、他们偏爱的价格范围、他们与孩子最爱的话题，甚至是一个愿望清单。

我们的目标？就是让外界听到俄罗斯女性的声音，就是吸引她们自己的孩子和生活在她们身边的孩子。至少，我们的任务宣言之一，就是为一个缺少微笑的国家带来真正的幸福——因为，微笑是会传染的。

这都是前所未有的。但是，为了启动业务，我们接下来精选了一批俄罗斯女士当“妈妈大使”。理想状态下，“可靠的”俄罗斯妈妈是什么样的？她有什么性格特点？然后，我们选出符合特点的候选人，让她们参加为时 2 个月的训练营，学习社交技能和处理未知危机的方法。俄罗斯女性是极其内向的。她们不习惯闲聊，不喜欢绕弯子，不适应马上亲密交流。她们大多喜欢直入主题。于是，我们教她们如何与陌生人闲聊。然后，她们两人一组，结伴游历 30 个不同的城市，每天还要再见 150 个妈妈，一起讨论面临的问题。不推销，不强迫——只是有孩子的妈妈在一起聊天和倾听。对于她们大多数人而言，暴露在聚光灯下是一种全新的情感体验。每天，我们能搜集 500 多个好创意，并落实了大多数创意。对于想出创意的妈妈，我们会为她们设立专属获奖页面。

下一步，为了让妈妈和孩子都获得体验机会，我们打造了一系列全国性家庭节日“妈妈节”。我们邀请了将近 25 位俄罗斯妈妈和她们的家人。到达现场后，孩子们会得到一个模拟护照。同时，会告诉他们，为了搜集邮戳，他们要完成特定的活动，包括画人物肖像、给饼干挂糖衣、玩《愤怒的小鸟》和井字游戏、开着纸片车与其他孩子赛跑。最后，他们用护照的邮戳换奖品。

2015 年，由于进口制裁的规定，“妈妈的店”被暂时“冻结”。在此之前，这个网站和“妈妈节”项目一样，是发展最快、使用最方便的电子商务网站。它主要针对俄罗斯所有的父母，拥有 500 多名员工。俄罗斯妈妈一致将它评为“最吸引人的网站”。在此之前，从来没有几千位妈妈一起创建公司的情况。也从没有哪一个公司，只是根据妈妈的需求就上市了。相比大多数公司，我们实现了公司可持续发展。我们花了一年的时间与俄罗斯妈妈交流，又花了一年时间，根据她们的需求建造了网站。我们更大的目标是，为俄罗斯妈妈创造一个共同的经历。她们都想为孩子购买同样的东西——她们无法表达的欲望，却有机会满足了。无论是中东地区，还是最偏远的西伯利亚，这种需求都通过广受推崇、充满光辉浪漫的巴黎地标展现出来。

| 第二章 |

香肠、烤鸡和对真正幸福的追逐

改变将来购买食品的方法

温斯顿-塞勒姆是北卡罗来纳州的第五大城市，约有 23.5 万人口。与得克萨斯州奥斯汀、俄勒冈州波特兰和美国其他一两个城市一样，当地人口中的温斯顿是北方人退休后的休闲胜地。因为，那里有让人梦寐以求的好天气、好习惯、艺术场景和与美国标准不同的变化——菜单上的粗玉米粉、广播里的乡村音乐——这让他们觉得，他们生活在美国，但却更像是在旅游。温斯顿-塞勒姆有着活跃的生物技术和医学研究环境。然而，在建立一个世纪后，温斯顿-塞勒姆最著名的还是作为雷诺烟草公司的总部。该公司以温斯顿市命名了两个著名的卷烟品牌。由于与卷烟的深刻渊源，一些当地人把这里称为“骆驼城”。

撇开工业企业不说，温斯顿-塞勒姆市区的人行道到下午 5 点就没人了，这跟美国其他城市差不多，大多数零售商位于高速公路和环线周围的商场和购物中心。洛斯食品是一家当地的家族式连锁食品杂货店，在北卡罗来纳州和南卡罗来纳州都有超市，这是该地区最大的零售商。但是，从2008年经济衰退后，洛斯食品的收入开始下降。沃尔玛已经渗透进许多市场。无论从销量还是价格上，洛斯食品都无法与沃尔玛相比。如果洛斯无法扭转大约100家超市的运营状况，就不得不关掉几家商店了。我很少为地区公司工作，洛斯算是一家。我想说服它们，也说服自己，在超市领域，只要策略得当、思维新颖，一个“小公司”也能与财大气粗的知名公司相匹敌。

许多美国零售商场和购物中心都给人一种破败感，大多数看起来都差不多。国家食品与连锁零售商——红辣椒、苹果蜂、史泰博、1号码头进口公司和万能卫浴寝具批发商城——旁边就是当地的美甲店、美发店和自卫培训店。如果你问当地人，他们大多会告诉你，如果闭上双眼，遮住附近地标或当地标牌，他们可能在美国的任何一个地方。城市外观的千篇一律会让人麻木。正如去年，《纽约时报杂志》派挪威作家卡尔·奥韦·克瑙斯加德去北美自驾游。他写道：“自从我前一天在克利夫兰落地，我就发现，哪里看起来都一样。仓库、工厂、加油站、住宅小区、购物商场和半城市化的高速公路，感觉找不到中心。”[1]这里的景观既不会让人觉得惊讶，也不会让人觉得自然。克瑙斯加德总结说：“我本来应该写写这次旅行。不仅如此，我还要通过这次旅行，抓住美国的某些本质特征，运用外来视角发现美国人看不到的现象。可是，我什么都没看到。我什么都没经历。”

洛斯超市位于距温斯顿–塞勒姆市几英里的一家购物中心。它旁边有一家工艺品商店、一家验光店、一家兽医店和两家空店——两家店的窗户上遮着硬纸板，上面写着“出租”标志和电话号码。商店内部像洞穴似的，但它最显著的特点是，看起来跟其他美国超市一样。前面是一排闪闪发光的购物车，一堆购物篮。货架上摆满了水果和蔬菜。通道里摆满了各种食品或饮料。四周都是冰柜，里面放着橙汁、牛奶、酸奶和奶酪。结账通道集聚着电池、糖果、口香糖和名人杂志。商店的整体配色是白色，配着少许草绿色。商店里面很干净，但外观陈旧。货架上看起来有一段时间没清理了。我只见到几个员工。他们头戴淡褐色鸭舌帽，身穿黑色衬衫，系着围裙，看起来像是青少年或大学生：他们待人友好，却缺乏经验，对工作没那么投入。

我最先做的一件事，就是给洛斯每家门店的管理者蒙上眼睛，带他们在通道里来回走走。每 7 分钟，人类的味觉就会“重置”一次。也就是说，我们几乎注意不到怪味，或陈旧过期食品所散发的异味。了解到这一点，我带他们到了商店外的停车场。等再进入商店时，他们换上了全新的视角和味觉。他们一会儿发现这件商品有香味，一会儿又发现那个区域的购物体验不好——不一定是因为食品变质，可能只是因为通风系统坏了。

想要扭转洛斯这样的家族式超市，将会是一场耗资不菲的大工程。但是，由于洛斯公司已经身处危难，也就别无选择了。洛斯的目标客户一般都在四五十岁，这对未来的盈利不是个好现象。洛斯也面临来自当地连锁店的激烈竞争，例如雄狮食品和哈里斯蒂特。还有乔氏超市、全食超市等高级时尚商店。最后，我告诉洛斯的管理团队，重漆一遍停车场标志线、改变商店标志和提升社媒形象是不够的。我们要改变“一切”。

像以往一样，问题仍在于，美国文化中缺少“小数据挖掘”。关键是，要找到未被满足的欲望和梦想。但是，这可没那么简单。因为，这是一个以制造欲望和憧憬闻名的国家——无论制造的是苹果手机，还是好莱坞电影。这是一个充斥着最新智能手机应用的时代。面对一个传统的南方小连锁超市，让它找出未被满足的欲望，去证明美国不能做梦了——这可是件难事。

但过了不到一年，当4%在零售业都被视为高增长率时，洛斯的销量却出现了大幅增长。洛斯食品的创始总裁蒂姆·洛威总能给人启发。他说："我想说的是，我们取得的成果——以及我们看到整体的企业变化——都非常有历史意义，会对未来产生重大影响。"根据加拿大广播公司的报道，仅仅几个月间，洛斯的平均购物篮尺寸和平均交易量分别提升了7%和23%。2015年，洛斯获得北卡罗来纳州零售商协会"年度零售商"称号。这样的成绩，部分原因是它在顾客交流方式上的创新。而且，这家连锁商还成立了小数据部门。

更好的消息是，洛斯超市里人满为患。人们开车几英里，绕过住处附近的超市，以获得在洛斯购物的纯粹体验。拯救洛斯的不是局部方案或区域性方案，也不是出自哈佛商学院或沃顿商学院的案例研究。它不需要顾问团队。把地方超市变成国家奇迹的小数据思维源于俄罗斯远东地区，并从日本、中国、法国和意大利等许多文化中获得启发。

和大多数没在美国长大的人一样，我从小就开始接触美国文化——电影、流行音乐、电视节目和有线电视新闻频道。可是，在美国度日完全是另一回事。像世界其他国家一样，美国有一套不成文的规则和礼仪。经过代代相传，当地人已经对大多数规则和礼仪浑然不知。但对外来人而言，这些却很明显。例如，在欧洲大多数国家，如果你登上一部拥挤的电梯，有礼貌的做法是，在上行或下行期间直视前方。在欧洲，电梯乘客几乎从不对别人点头示意。这样不会被人认为是粗鲁或不合群。你的沉默只是对别人隐私的尊重。

美国的电梯礼仪与欧洲的不成文规定有着很大区别。前几次访问美国时，我上电梯时不会向其他乘客打招呼。到了晚上，我习惯在酒店泳池里游几圈，不会跟其他人说一句话。我很快意识到，美国人觉得这种行为冷漠、扫兴，甚至是不怀好意。这些天来，只要我在美国，就会跟其他电梯乘客打招呼，哪怕只是一个微笑。比如说，我发现，如果有个乘客手里捧着一束花，你不给些评论，会被认为是不礼貌的。又比如说，你上了电梯，看见一位身穿婚纱的女士，如果不夸她穿得漂亮或问她婚礼在哪儿举行，就是不懂礼貌。

在美国，你必须得说点什么。

可这是为什么呢？人们会情不自禁地认为，在一个多民族、多种族的国家，与邻居闲聊的不成文传统，主要是因为想找到共同点。即使聊的只是平常话题，比如天气怎么样，或者昨晚当地体育队表现如何。闲聊还有第二层作用，那就是化解冲突，甚至是仇怨。几年前，我从纽约城飞往哥伦比亚的麦德林。我一着陆，就坐出租回酒店。某一刻，我问司机知不知道这几天天气怎么样。他不回答，我就开始聊天气，想让他说几句。他还是不回答——他似乎有些困惑——我终于意识到，全球通用的天气话题，在哥伦比亚是不适用的。我后来发现，在麦德林，没人询问或谈论天气。好像天气从来不会变化，也没有电视气象学家。每天都是阳光灿烂，偶尔有云，气温都是二十三四摄氏度。但是，在南卡罗来纳州，即使天气也不怎么变化，当地人还是经常谈论天气。

我之前说过，与美国的友好形成鲜明对比的是缺乏身体接触。在美国，没人会触碰别人的身体。如果有人不小心碰到了别人，大多数人都会立即道歉。在外界看来，肢体接触类似于侵占领地，甚至可能被视为展示性兴趣的第一步。分别看看美国和欧洲的玩具店，对比玩偶的摆放方式，是非常有意义的。在欧洲，玩偶一个挨一个地摆在货架上。它们互相触摸，互相握手，甚至是相互拥抱。在美国，玩偶通常作为一件商品摆放和销售。它常常带有密封的塑料包装，好像在对别人说，它就自己一个。或者在说，它会跟同辈保持距离。玩偶似乎和人一样独自待着，也不要有任何肢体接触。

可是，除了朋友间的握手和偶尔拥抱，是不是肢体接触被看作对另一个人的威胁？美国异性恋间如果有相互的肢体接触，一定是在明确的“许可区”内——通常出现在体育活动中。美国男人从小就懂得一条重要准则，男性间的肢体接触或直接对视是一项禁忌。在公共浴室里，这也成为大多数男人遵守的规则。一个男人走进厕所后，如果发现一两个男人，他通常会找个最远的小便池。他们在使用小便池时，会直视前方。也许，他们是担心，如果看别处，会被其他男人误解为性挑逗。

在我看来，如果一个文化中没有肢体接触，那是有点问题的。美国不算是性保守的国家，但对肢体接触却很谨慎。其中一部分原因是，美国似乎比其他文化都明白，自己给别人传达了什么样的信号、信息和暗示。相比之下，对肢体接触最开放的大陆也许是南美洲。我曾在秘鲁和哥伦比亚开过商务会议。当时，一张桌子前围坐着不同岁数的人。他们随意地互搭肩膀，也觉得没什么。

日常生活中的友好和对肢体接触的禁忌——这是我在美国最早采集的两条小数据。还有第三条小数据，总结起来就是一个词：圆形。在美国，所有的公共空间或区域几乎没有长方形的，都是没棱没角的。在这里，曲线和圆形多过方形，没棱没角多过有棱有角。人们在酒店房间和会议室时，就好像是被抱在怀里。在一个缺乏肢体接触的国家，建筑师和设计师似乎通过家具和房间，给人拥抱的感觉。你可以想象，我的大多数时间是在酒店房间度过的。也有些房间是方形的，但是，窗帘、浴帘和家具轮廓都在传递着圆形和安全的信息。而更加明显的信息是安全。

安全。在世界其他国家，宾馆客人都可以随意地打开房间。但是，美国却是个意外。在美国的酒店里，窗户框通常刷过涂料，都是封闭的，无法随意打开或关闭。（甚至连白宫都是这样的。2015年，在艾伦·德詹尼丝的采访中，提起自己和奥巴马总统，第一夫人米歇尔·奥巴马说："像开窗户这样的小事，我们都做不了。大约7年以来，我们坐的车都没开过窗户。我们'家'里的窗户也没开过。”她接着说：“我们会出现在阳台上，但是那是我们唯一能打开的门。”[2]）酒店客人一进房间，就跟大楼里的皇室成员一样，被囚禁起来。为什么会这样？难道管理人员还担心，住在一层的客人会开窗跳楼自杀吗？每一天，全世界的酒店里，总会有人失足或跳楼死亡。但是，内在根源真的是对自杀的恐惧吗？

我在美国看到的圆形设计，有意无意间消除了冲突和分歧的可能性。美国是世界上监禁率最高的国家。在美国，每年的军费开支约为6400亿美元[3]，比排名第二到第八的军费总和还要多。37%的美国人说，他们或他们的家人拥有一支枪。[4]我不由得认为，这种情况很矛盾。美国是一个超级军事大国，它所推崇的美学设计，都极力抑制和消除任何冲突。在美国，大多数商场、酒店、大超市、汽车旅馆和快餐连锁店几乎一样。它们都会提供整洁安心的环境，通过控制室温，来调节情绪。棱角都被磨平了。无论你走进假日酒店的大厅，还是坐在“红辣椒”的餐桌前，肯定都不会遇到意外状况。

如果我通过缓解冲突的建筑要求，获得了制约美国文化的另一条线索。那么，印证这条线索的发现，就是政治正确性。与我在美国电梯和泳池里的经历一样，这也是通过自己的实际经验发现的。

我跟大多数丹麦人、所有斯堪的纳维亚人的理解程度一样。在我的成长经历中，人们不再推崇宗教，周围无疑是非集权的环境。15 年前，我突然因此遇上了麻烦。在俄亥俄州辛辛那提，我正在做演讲，内容是世界流行品牌与知名宗教的异同点。在我的行业里，品牌就是品牌。但是，我没想到，在美国，宗教是一个非常敏感和具有争议的问题。对宗教的任何不尊重，都会给我带来麻烦。我的第一张幻灯片是教皇约翰 · 保罗二世的照片，第二章是罗纳德 · 麦当劳的照片。面对中西部的市场人员和品牌建设者，我指出，教皇和麦当劳形象有一些共同点。他们都穿着品牌化的鲜明服装，都是成功组织的领袖。

到我放完第三张幻灯片，人们开始离开房间。到最后，会议室只剩下一半人。做完演讲后，我走向主持人。出了什么问题吗？我让一半人觉得失望了？直到那时，我才发现，至少在美国，人们是无法冷静对待宗教的。

世界上没有哪个国家拥有美国那样的“政治正确性”。几乎没有美国人会把自己看成是“种族主义者”“厌恶女人者”或少数群体权利偏执者——无论这里的少数群体是指同性恋者、拉丁美洲人，甚至是赤裸裸地表现种族歧视却偏不承认的人。在社交活动和聚会上，性、政治和宗教都是禁忌话题。（事实上，美国有许多禁忌——至少在体面场合中提起是风险太大了。）美国人几乎不愿意谈论人人都知道，却不愿承认的话题——从整天待在家里带孩子的无聊，到他们对嘻哈文化的真实感觉，再到他们对性的看法。大多数美国人甚至不愿意谈论自己如何看待政治正确性。

从一个国家到另一个国家，我都习惯研究这个国家的幽默感——是挖苦型、讽刺型，还是揶揄型？是直接的，还是间接的？最惊人之处在于，美国主流的幽默感关注的主题，大多不是茶余饭后的谈资。无论参观任何一个喜剧俱乐部，还是观看《最爆伴娘团》《抑制热情》《辛普森一家》《南方公园》《恶搞之家》或者YouTube上的路易斯 · C. K. 脱口秀，你都会发现，美国人愿意掏几百万美元，就是为了听到大多数人感受到、想得到，却从不在公开场合谈论的话题。2014年，美国最热卖的游戏和最受欢迎的圣诞礼物是《反人类牌》。在官网上，它被描述为“为丧心病狂者准备的聚会游戏”和“最卑鄙下流的游戏”。[5]它的主题包括“阴茎妒忌欲”“不鸟第三世界”“奥斯威辛集中营”“兰斯 · 阿姆斯特朗失踪的睾丸”，以及许多美国人不会在圣诞树旁谈论的几乎所有话题。

政治正确性不仅与语言相关，还与之前的美国圆形设计有关。当美国人聚在酒吧里时，他们会像中国人一样，一大群人围成一圈——8~10人都很常见。而在欧洲南部，一群人通常只有三四个人。到了欧洲北部，大型的“公共群组”几乎是不存在的。在美国，通常会有一大堆人，每个人都有机会面朝前方，说给别人听。而在巴西，所有人都喜欢马上说出来。与美国家具的曲线设计相同，人们有意无意地会围坐成新月形。这似乎是为了不要伤害或排斥别人。不想冒犯别人的欲望，也被展现在餐馆菜单上。美国餐馆菜单上有许多选择，这不仅是一个明智的商业决策，还谨慎地避免冒犯所有口味、爱好和饮食禁忌，连选择沙拉调料都变成一项大工程。在世界其他国家，就餐者都不会像在美国一样，可以选择法式沙司、意式沙司、醋油沙司等五六种调料。

说实话，美国与政治正确性算是偶遇。相比其他国家，美国人要面对更多文化和种族。比如说，丹麦全国几乎都属于同类。99%的丹麦人是新教徒，大多数丹麦人自称为不可知论者。由于不需要面对外来文化，对其他种族文化、习惯和口味不敏感，他们的人际交往显得更直白。政治正确性基本上源于两个因素：恐惧和族群。谁愿意被自己所在的性别、社区、城市和州县驱逐？在成长过程中，美国人被告知，他们要对自己的未来负责。他们接受这种教育的频率，比世界其他国家都高。这是教育既鼓舞人心，又残酷无情的地方。在芝加哥或洛杉矶贫民窟长大的孩子，有一天可能成为政治领袖、成功艺人，或者商界精英。可是，如果他们一事无成，或者穷困潦倒，就只能自谋生路了。美国人的安全网是脆弱的。在持续的狂轰滥炸下，被自己的族群驱逐，甚至变得比其他地方更可怕了。

我不断地回想一个词：恐惧。美国的圆形设计与建筑、门紧的酒店窗户、政治正确性、零售商和酒店景观的相似性——人们在害怕什么？害怕被起诉？害怕受伤？害怕火器？相比大多数人眼中的美国日常生活，恐惧当然显得格格不入。毕竟，美国是自由、社会流动与职业流动的代名词。所以，封死的酒店窗户、调节气温的大楼、害怕冒犯别人的疑虑，以及对规章制度的重视，似乎与美国官方“品牌”形象不符。

据我所知，大多数美国人过惯了条条框框的生活。他们甚至没发现，那是对自由的种种限制。我每次飞纽约，都会住在市中心的同一家酒店。酒店会提供一个小包，里面装着 4 个海绵耳塞。使用说明似乎是给一个不太灵光的 3 岁小孩写的：为了您的安全，塞入耳朵时，请勿完全塞入。当我把小包给一位美国来访者看时，他不解地看了看我。

“这有什么奇怪的吗？”他说。

作为当地人，他自然不像我这个外来者一样，看到许多东西——大多数知道什么是海绵耳塞的人，都知道该怎么用。而且，在世界其他国家，你看不到这样的使用说明。对我来说，这就是美国生活的核心：规章制度。只不过，大多数规章制度经过改头换面，让美国人认为，这其实是为了安全考虑。那么，问题来了：在大多数时间里，如果美国人在行为、感知、思考、观察和饮食上都高度一致，那么他们还算是真正的自由吗？

还有最后一条小数据。只要你愿意花点时间，看看自己的智能手机，就很容易发现。请注意，在当今地球的 70 亿人口中，有 51 亿人拥有手机。超过一半的美国人拥有智能手机，29% 的美国人还拥有平板电脑或电子阅读器。而在 3 年前，这个群体的比例只占到 2%。2014 年，据 CNN（美国有线电视新闻网）财经的报道，美国人的上网途径中，智能手机和平板应用的使用首次超过了笔记本电脑。用数字来说，就是55%的美国网络使用源于移动设备，其中，47%来自应用程序，剩下的来自移动浏览器。[6]

也许，移动设备的流行是一个全球现象。但是，在智能手机的使用上，没有哪个地方能与美国匹敌，因为美国的成年人大部分都是年青一代。这也没错：手机和网络通常比我们周围的环境更有趣，更神奇，更新潮。它们也让美国人感觉安心。相比世界任何民族，美国的劳动者享受的假期最少。智能手机的出现，似乎使忙碌的美国人压力更大。有一次，我在意大利的阿玛尔菲海岸度假。在户外游泳池里，我一听口音，就发现4个美国人。他们穿着泳裤，光着上半身。但是，没人欣赏身后迷人的海景，而是在玩手机。

最近去过机场的人都知道，21世纪的机场已经变成了一个高科技的配套商场。有时候，似乎每两间机场商店中，就有一间是卖耳机、电动榨汁机和电源适配器的。明尼阿波利斯–圣保罗国际机场大厅就把这个概念发挥到极致了。在候机区，几乎没人不在低头看手机。这家机场位于明尼苏达州，候机区摆满了白色塑料桌，每张桌上放着一台iPad（苹果平板电脑）。平板上会提供天气预报和航班信息，还有附近餐馆的餐饮菜单。除了坐在这些桌子前，旅客们也无处可去，也不可能不看iPad。于是，他们有三种选择：玩iPad、戴上耳机，或抬头看电视里的24小时有线新闻。简单说，人们躲不开科技，也逃不过它带来的焦虑。

在美国，生活比以往任何时候都要安稳。根据《基督教科学箴言报》2012年的援引，波士顿东北大学的犯罪学家詹姆斯·艾伦·福克斯总结说："我们国家其实比20年前安稳。"他和其他专家认为，这主要源于监禁执法技术的提升和美国老龄人口比例的增加。虽然美国是相对安稳的，但福克斯说："即使犯罪率没有上升，但由于犯罪片的增多和电视对情绪的影响，绝大多数美国公民都感觉犯罪率提升了。电视上重复播放的一次恐怖枪击，比报纸上任何数据的本质影响都大。"[7]网络会毫不修饰地把消息摆到我们面前，因此将坏事放大。这就像拿金融市场实况与一周或一月市场走向做对比。实时信息可能造成危言耸听。

网络是不会消失的。但是，我反对使用智能手机，还有第二个原因。我知道，一个国家的"幸福度"与国家的透明度成正比。在网络出现前，年轻人喜欢拿自己跟同学、朋友比。现在，他们开始拿自己跟世界各地的同龄人比。曾经，孩子高中毕业后，很可能就和童年好友断了联系。这其实不一定是坏事，尤其是孩子名声在外，或者他们所处的社会角色与他们的内心感受不符时。随着透明度的提升，嫉妒心和不幸福随之增加，隐藏空间也不复存在。如果你整日泡在网上，还怎么重塑现实中的自我？

在我看来，智能手机正在压缩社会创造性的空间。在年青一代中，这种现象尤其明显。网络犹如快餐，它能在30分钟内满足食欲。可是，一个小时后，你又饿了。苹果公司总裁史蒂夫·乔布斯甚至告诉《纽约时报》记者："我们在家会限制孩子使用科技产品。"[8]《连线》杂志主编克里斯·安德森也赞成这种观点："我们见证了科技的危险。我看到科技对自己的危害，不想孩子也跟我一样。"[9]

在俄罗斯或中国，线上媒体都要受到管控。俄罗斯人和中国人没有"完美婚姻"的概念。他们看的电影和电视，也不会让人产生无法企及的幸福期望。这样的国家是好，还是坏呢？许多事情都是相见不如思念。我们也许认为，我们渴望也应该获得大量数据。但事实上，我们应付不了它们。数据只会刺激我们的欲望。也就是说，问题的关键不是技术，而是不平衡。

你大概会问，一面是美国生活的一堆观察和线索，另一面是即将破产的南方连锁超市——它正在努力应付当地实体超市和线上超市。这两者又有什么关系呢？其实，两者关系密切。需要重申的是，美国创造了一个围绕“自由”和“个性”概念的品牌。美国是一个国家，也是一个思想与灵感的结合体。但是，根据我的经验，美国其实最缺乏的就是自由，甚至是个性。我一进入美国，就看到一个又一个标牌。它们告诉我要这么做，那么做，全都是为了“我的安全”。

为了保障您的安全，请脱掉鞋子、解开皮带、挪开笔记本电脑。

为了保障您的安全，人行道正在施工。

为了保障您的安全，机场每隔几英尺，就会放置普瑞来手部消毒液。

美国人一直被告知，他们是自由的。可是，他们真的自由吗？美国还能做出改变吗？我会和洛斯食品一起竭尽全力。

我在美国的大部分工作，都是在纽约和洛杉矶。这两个地方很难反映美国其他地区的情况。后来有人问我，我知不知道，我所在的地方不如东海岸生活节奏快，也没有西海岸在意时髦和外表——事实上，我知不知道自己在美国南部？答案是不知道。我只知道，我喜欢南卡罗来纳州和北卡罗来纳州的见闻，也喜欢那里的人们。事实上，北卡罗来纳州既不像纽约，也不像洛杉矶。而我不知道的是，当我为洛斯食品开发一套新理念时，正是针对这一事实的回应。不过，我针对的是封闭式社区，而不是外形酷似的房子。

从外来者的角度看，在北卡罗来纳州遇见的许多街区和封闭社区，让我不由得想起迪士尼乐园。干净整洁的街道，一切都像修整过一样。两棵树之间的距离都是固定的。附近没有餐馆或购物中心。要是你想购物或吃饭，就得开车上高速。我的“潜台词研究”表明，那里的女人更在意离开家庭安全网的时间，而不是她们在车上的时间。问题的关键不是距离，而是离开安全空间。总体上说，家庭主妇处理的都是生活琐事。她们的车子就像是移动的小屋。

走在美国南部时，我首先发现的是，这里缺乏社区观念。城市中没有广场。市中心空空荡荡的。而且，最近许多研究证实，美国的教会出席人数正在下降。2015 年，一项针对 3.5 万成年人的皮尤调查发现，自称“基督徒”的美国人占 70.6%，比 2007 年的 78.4% 低了 7 个多百分点，创下了历史新低。整个美国都发生了这样的下降，连圣经地带都不例外。[10] 根据《纽约时报》的报道，越来越多的前基督徒“加入了迅速发展的无教派群体：这个大类包括无神论者、不可知论者和‘一切无特殊’理论的追随者。”[11] 接着，《纽约时报》补充说：“在以基督教著称的美国，没有迹象表明这种下降会放慢速度。”社区的实质已经分散在高速公路、零售店、购物中心，甚至已经迁移到线上社交媒体。我知道，为了获得归属感和社区感，美国人不惜长途跋涉——再补充一句，这样的社区就跟我在克拉斯诺亚尔斯克、萨马拉、雅库茨克和新西伯利亚看到的城市广场一样。

社区的定义是什么？通过在德国、黎巴嫩、新西兰、意大利、哥伦比亚等国的经历，我找到了答案：社区是伴随冲突和分歧出现的。北美人从欧洲旅行归来时，通常最先说的就是他们看见的争吵事件。比如，巴黎人认为，如果自己不要切肉或熟奶酪，就可能得不到想要的东西。欧洲人喜欢义愤填膺，大惊小怪。美国人在欧洲旅行时，如果在法国集市或意大利餐厅遇见口角争执，通常都会记下来。其他人吵架时，围观的人群就是一个社区。

此外，洛斯要面对五六个地方级和国家级食品零售商。洛斯也无法与网上超市、沃尔玛和塔吉特进行价格竞争。那么，它该采取什么竞争策略呢？我在笔记本上记录了关于美国文化的线索。但是，当我对顾客进行家访时，一位 52 岁家庭主妇家里的青蛙装饰，提供了一条关键的小数据。

青蛙花盆、青蛙门神、青蛙草坪雕塑、花园灌木里半掩的青蛙雕塑。她屋里是青蛙形的玩具支架，甚至有一个青蛙形的思高胶带座。她家不止有青蛙装饰，还有考拉、猫头鹰等其他动物石像或毛绒玩具。参观了五六家人后，我清晰地发现，我采访的许多女人都还没过完童年。她们会在沙发上放毛绒狗玩具，在壁炉台上挂泰迪熊装饰，却一点也不觉得尴尬。有一位女人，甚至全年都挂着圣诞装饰，开着圣诞灯。

我在俄罗斯工作后，养成了观察冰箱贴的习惯。大多数美国冰箱至少都会有几个。与俄罗斯冰箱比，美国冰箱贴还可以用来固定照片。女主人的照片大多是 10 年前拍的，通常是刚刚步入婚姻殿堂时。照片上的她和新郎也许正在用两个吸管，从一个杯子里喝饮料。要么，他们正在迪士尼乐园，背后是米老鼠、高飞狗或灰姑娘。要么，他们就是在参观大峡谷。再要不然，他们就是在佛罗里达或洛杉矶的酒店水池旁休息。

美国让我想起了俄罗斯的特色——极其相似的社区环境。与俄罗斯远东相比，北卡罗来纳州的房子和社区只是更高档，设计更精心而已。一个是房子相似，一个是公寓楼相似，两者的区别到底在哪里？两棵树间的距离、树叶、房子和走道，都遵守同样的情绪法则。封闭社区里的冲突很少，但也时有变化，偶有发生。与俄罗斯一样，美国孩子也很少在室外玩。俄罗斯人的理由是严寒。但在美国，每天都能看到电视上、智能手机上狂轰滥炸的负面消息。于是，大多数父母认为，门外的路上就可能发生谋杀或绑架。在两个国家，人们都在逃避。在俄罗斯，人们会坐上满载伏特加酒的渔船。在美国，人们会去打高尔夫。

在唯我论盛行的时代，我们一直听的都是，技术给世界带来了空前的限制。美国的社区正在消失，取而代之的是网络、大超市和雷同的街景。我遇见的美国妇女都善良大方。但是，她们似乎和俄罗斯女人一样孤立。她们大多数时间都待在车里。她们步调一致地穿梭于商场和购物中心——那里人口密集，就是城市的小缩影。除了婚姻生活和家庭生活，她们从不会跟别人有任何肢体接触。许多美国妇女还得成天担心孩子食物过敏，我遇见过一位妈妈，她有 4 个孩子，每个孩子都对不同的食物过敏。于是，她每晚要做五样饭。

妈妈们担心，自己的孩子在社交上和学业上会落后于人。我遇见过几个妈妈，她们大多数时间都在开车，调整孩子的日程。这样一来，她们没时间管自己，也没时间做其他事。

这跟洛斯又有什么关系？根据我的潜台词研究，我知道，许多顾客在那里购物时，有一种矛盾心理。洛斯太过“商业化”了，有人说。不止一位妇女告诉我，洛斯不够“本地化”。许多人告诉我，乔氏百货和全食百货更有“家”的感觉。一位男士先是称赞了洛斯的葡萄酒和啤酒。然后，他告诉我，他去过密尔沃基的一家超市。在那里，顾客购买啤酒前，可以先品尝。不过，在某件单品上，许多顾客的意见似乎是一致的。

“我进入洛斯后，最先闻见的就是烤鸡，”一位妇女告诉我，“都是刚从微波炉里拿出来的。我几乎每周都会买一只。”

跟我聊过的每一位顾客，似乎都喜欢洛斯的烤鸡，而且，不只是喜欢它的味道。洛斯会在烤鸡上盖时间戳。这样，顾客就知道他们在那儿坐了多久。

美国是个拥有多民族文化的国家。据我观察，美国人亟须从单调的生活中逃离出来，寻求慰藉。每一种文化都贯穿着单调和熟悉。但是，美国同质化的商场景观，让惊喜元素渐渐消失。正如保罗·科埃略写道："如果你觉得大胆冒险等于不顾安全，就试试例行公事，那是要人命的。"难怪美国人那么痴迷智能手机。因为，他们可以看到现实环境中看不到的幻影。和在俄罗斯一样，我要在洛斯创建一块绿洲，一个梦想目的地。如果有可能，我还会重塑一种社区感。许多美国人甚至没发现，他们正在失去这种社区感。

在"妈妈的店"，我创建了一块绿洲——如果没有在沙特旅行和工作，我永远也想不出这个概念。换句话说，俄罗斯拥有的什么东西，是美国大部分地区没有的？社区。虽然克拉斯诺亚尔斯克、萨马拉这样的城市生活苦寒，但人们却有着强烈的团结意识。

我从庭院的对弈就能看得出来。还有，俄罗斯孩子在户外玩耍时，一块石头都能把他们迷住。在俄罗斯度日，就如同线上"互联"时代来临前的美国小镇一瞥。

我知道，随着互联网在更多俄罗斯农村地区渗透，我目睹的社区感也许要消失了。问题是，在美国南部，到处是汽车、高速公路和废弃商业区。人们像祈祷一样，低着头看手机。被割裂的社区感，我怎么把它唤回来？美国人理解的自由，是一个逐渐消失的概念。在一些国家，自由甚至是受到限制的。我怎么才能运用自由这个概念，扭转一家美国东南部超市呢？

在做其他事之前，我要在洛斯内部创建一个“许可区”。我对这个词的定义是，允许顾客“进入”另一种情绪状态的一个瞬间或一种环境。许可区可以是个明确的地方，比如动物园、渡船、电影院，甚至是我们不想去的快餐店。（难怪快餐公司的沙拉或水果都推销不出去，因为吃快餐本身就是进入许可区的行为。在那里，我们允许自己吃点油腻没营养的快餐。）“五小伙”（Five Guys）是一家非常成功的汉堡连锁店，在1000个地方开有分店。它从门口到柜台，都会展示整袋整袋的土豆。虽然炸薯条里含有大量碳水化合物，而且超市待售的冻土豆，与市面上的其他食物一样不健康。但是，这里“许可”顾客吃到炸薯条。

许可区也可以与语言相关。假如你曾跟不太熟的人一起开会或聊天，你大概会记得第一个开骂的人。连你自己都不知道，你已经默许了屋里其他人说脏话。几乎能感觉到，屋里一下子不拘束了，在场的人都开始说脏话。

我要在洛斯创建许可区，直接原因是我获得了美国文化的线索。说到底，我一直在回想那个词：恐惧。美国人认为，他们生活在世界上最自由的国家，但事实真是这样吗？大多数美国人上一次感受真正的自由，是在什么时候？答案是：他们小时候。

1994 年，在《笛卡儿的错误：情绪、推理和人脑》一书中，作家与神经学家安东尼奥·达马西奥提出了躯体标记假设。在书中，达马西奥描述了一种假设机制——我们的决策情绪反应出现调整和偏差，主要是因为受大脑控制。如果你把手放在烤炉上被烫了，大脑会记录那个瞬间。但是，从那以后，我们会做的，不是每晚把手放在同一台烤炉上，期待出现不同的结果。我们会对烤炉格外小心。这种行为的发生，是因为大脑中有躯体标记，可以永久标记我们的经历。它会把两件事画上等号：热炉=疼痛。一些躯体标记是有意识的，另一些是无意识的，但大多数源于长期的经验。例如，我告诉观众，2001 年 9 月 11 日的世贸中心遇袭，就构成了一个躯体标记。灾难发生时，我们都记得自己在哪儿，跟谁在一起。但是，我们记得去年生日吃了什么吗？这就是躯体标记和特定记忆间的区别。

我一直觉得，在品牌创建过程中，达马西奥的躯体标记假设很有趣。因为，我们的大脑通常负责“指挥”两种不和谐形象的交义。每一年，我们能看到几千个小时的电视广告。可是，为什么我们只记得两三条？比如说，为什么我们记得政府雇员保险公司的蜥蜴形象？答案是什么？因为蜥蜴和人寿保险没有任何共同点。类似的还有打鼓的兔子和劲量电池。要是有人提起电影《教父》，你最先联想到什么？大多数人会说是“马头”。这是源于书和电影都刻画了一个场景：一位好莱坞电影制片人激怒了黑帮老大唐·柯里昂。他醒来后，发现自己躺在一张血淋淋的床上，他的爱马被割了头，盖在床单下。

于是，考虑到美国生活缺乏冲突，我创建了自己的第一个躯体标记：我坚持，全新的洛斯设计理念中，要把圆形换成方形。毕竟，方形的设计棱角分明，是美国人不熟悉的。我告诉管理层，从现在起，洛斯超市只卖方形蛋糕，包装也用方形盒子。我的目的，不是想颠覆美国人对圆形的默许，而是迫使顾客接受别人的规则。为了配合执行方形蛋糕理念，我们还雇用了一位歌手，特意唱了首旋律悠扬、声音圆润的歌。方形的蛋糕。圆润的歌声。躯体标识器。我引入方形蛋糕理念，还有一个原因：它颠覆了常规——蛋糕很少有圆形的——因此，这就等于给了顾客“许可”，允许他们打破餐饮规则。洛斯的蛋糕一直用的是100%天然成分和纯奶油。但是，我还是让他们郑重声明，与市面上常见的“人造”蛋糕区别开来。

开创方形蛋糕只是第一步。第二步是创建商品社区理念。根据我的经验，人们通常是带着异议来的。所以，我决定激发店内的冲突。我前文说过，根据潜台词研究，人们一直认为，洛斯最棒的商品是烤鸡。即使是对手超市的高管，都会夸几句洛斯的烤鸡。问题是，我一开始没有任何基础，全靠烤鸡的口味和人们的预期。至少，在预期概念逐渐消失的数字时代，我想重新引入期待的概念。研究表明，一个品牌、一次活动创造的预期值越高，最后吸引的人数越多。

大多数在20世纪70年代成年的美国人还记得电影《回到未来》。迈克尔·J.福克斯扮演的小伙子，在一位疯狂科学家的帮助下，穿越到了过去。经过他牵红线，两位高中情侣最终结婚，也就是他的父母。只有他俩结婚，迈克尔才会存在。《回到未来》激发了我下一个创意。为什么是这部电影，不是别的电影？因为，大多数成年人看了这部电影，会想起自己的青少年时期。30年后，我想让他们在洛斯超市里，再感受一下小时候。

几个月后，洛斯烤鸡厨房开始运营。想象一下，一个专卖烤鸡的独立柜台前，站着一位头戴烤鸡厨房帽的员工。他忙着处理与对手的长期不和。对手站在“香肠坊”柜台后，穿得就像《回到未来》里的布朗博士。在洛斯管理层的帮助下，我为两人编了剧本，让他们演好自己的角色，整天都要互相争吵。

此外，人们看到争吵时——两个卡通人物的争吵是精心安排的——不仅觉得更热闹，还体会到“社区”感。冲突会给商店各区域和通道带来不安。烤鸡厨房和香肠坊前立刻围了一大堆人。一开始，顾客们看起来很担心。然后，他们发现是游戏后，就变成了一个群体。今天，香肠柜台的疯狂博士和烤鸡厨房的经营者“争吵”后，洛斯不仅卖了更多烤鸡和香肠，还卖了许多其他商品。

而且，每次烤鸡出锅，洛斯商场的广播里就会播放特有的“烤鸡舞曲”。在舞台经理的监督下，洛斯全体员工都跟着唱歌跳舞，创造了当地社区最需要的东西：归属感。在商店里，无论顾客们走到哪儿，都会停下来，跟着跳舞。这听起来可笑，也确实可笑。不过，这都是不由自主的。在那几分钟里，顾客们都像孩子一样。现在，洛斯内部有一套规则：无论是谁，从高级管理人员到小时工，都要随时准备跳烤鸡舞。要是他们不喜欢，就是不适合这个地方。

还要花点时间，聊聊世界范围内动物的视觉再现。2014 年，在哥本哈根动物园里，一只一岁半的健康长颈鹿被执行安乐死。然后，当着观众的面，长颈鹿尸体被肢解，投喂给园中的狮子老虎。这一行为引发了国际社会的谴责。面对记者，动物园的管理者辩解道，欧洲的动物园基因库很小，他们担心会造成近亲交配。“动物安乐死引发的激烈争辩，也反映了美国和欧洲的文化差别。在保护动物和确保基因多样性的借口下，欧洲更容易接受动物安乐死。”《纽约时报》指出。换句话说，在欧洲，一种固执的常识战胜了感情。

洛斯烤鸡厨房门头标志，是一只微笑的鸡。这个标志的目的，当然是想把动物本身与在售商品分离开来。这在美国是经验法则，在欧洲却什么都看不到。欧洲人经历过大面积的食物短缺和定量供应。美国人很幸运，没有经历过这些。去过法国集市或熟肉店的美国游客，看到眼前摆放的肉禽鱼，大多会觉得惊讶，甚至是憎恶。死兔子还是宰完的样子，火鸡还带着鸡冠和爪子。相比之下，美国的鲜肉和鸡肉都提前改过刀，放在黑白塑料盒里卖的。这样做，就避免人们联想到真正的动物和动物被宰杀的景象。

我的观点？美国人对动物及其死亡的看法，可以追溯到他们小时候读过的书，看过的电影——无论是《小鹿斑比》《小飞象》《小姐与流浪汉》，还是E.B.怀特笔下的《夏洛特的网》《精灵鼠小弟》。要知道，白雪公主和灰姑娘周围，都是会说话的鸟类和动物。动物对人类的保护和亲近，可以追溯至一则家喻户晓的神话——当时，耶稣躺在水槽中，保护他的是奶牛和驴子。

在洛斯内创建剧场感和社区感是一回事。但是，我认为要确保洛斯顾客的忠诚度，还需要某种情景。在世界大部分地区，至少在西方世界，人们会不假思索地交换名片。这种行为是自发的，甚至是冷漠的。商人们会告诉你，他们收到的所有名片，几乎都跟其他卡片堆在一起，或直接放进名片盒里，再也不会看。

但在日本，交换名片是一种正式的礼节。日本商人双手拿着名片，放在胸前，好像在用心传递名片。在中国和日本的商店，员工还会花大把心思在包装上。在东京的一些商店，员工们甚至会花费45分钟，仔细包装顾客购买的物品。日本屠户递给顾客一块牛肉时，不会直接甩在柜台上。他会拿包装纸把牛肉精心裹好。接下来，他从柜台后走出来，把包好的牛肉放进顾客手里。这样就产生了双重效果。一是顾客离店时，觉得店员很在乎他们。二是店员双手把包裹递给顾客，等于和陌生人间接“握手”，给顾客营造一种亲密感。遇到这种情况，顾客们都会情不自禁地感激。

不仅如此，我们双手递东西给别人时，别人也会用双手接。我指导烤鸡厨房和香肠坊的店主，也要这样为顾客包装物品，递上物品。两家店这样做，就是在告诉顾客，他们刚刚收到的是一份特殊礼物。递上礼物的人和接收礼物的人也变得特殊起来。我之前写道，影响一个国家幸福度的一个因素，是当地人的肢体接触程度。从某种程度上讲，我想重建美国人在不知不觉中丢失的触觉。

我希望，“新规则”甚至能创造一种员工自豪感。每家洛斯商店雇用将近 100 个员工。大多数员工早上或午后上班。他们换上棕色的帽子，系上黑色的围裙。工作 6~8 个小时，他们换上自己的衣服回家，第二天再回来上班。可以理解，大多数员工是业务不熟练的大学生，或者想挣外快的高中生。不过，我还是情不自禁地想到过去。在城市和小镇里，屠户和鱼贩都以自己的职业为荣。今天，屠户和海鲜店逐渐消失，相关的职业荣誉感也随之消失。

在法国和意大利的酒店业，餐饮服务员都为自己的职业感到自豪。他们可能擅长给牡蛎剥壳，具备丰富的葡萄酒知识，或者专业供应奶酪。人们通常认为，在美国超市工作都是临时的，不能算作职业。我希望，经过重新培训，洛斯员工能学会与顾客交流的新方法。他们认真地包好肉块，交给顾客。这样，一些员工第一次以自己的工作为荣。

还有一个要处理的地方，那就是农产品区。我了解到，顾客们更喜欢买当地农民种的农产品。针对这个情况，洛斯下定决心，要确保水果蔬菜新鲜度，并且都是产自当地。一路走来，我帮助管理层重新设计了水果和农产品区。通过放置许多标志，让顾客觉得"亲近大地"，比如放一个柳条篮，又比如用粉笔在黑板上写出当前的市场价。我们把这个区域改名为"精选果蔬区"。

引入农产品和新鲜产品概念后，最新的"精选果蔬区"无意中让人联想"美国制造""健康""社区""妈妈""餐桌""厨房"等概念。洛斯与农场主合作打造"社区餐桌"。一方面，顾客与当地农场社区建立了联系。另一方面，农场主建立了自己的互惠品牌。洛斯"精选果蔬区"员工还要参与特殊培训，学习快速切水果，学习雕刻水果，吸引孩子的注意力。（如果水果切得"好玩"，孩子们也愿意吃。）

"精选果蔬区"的位置与其他通道是隔开的。洛斯这样做，是为了向顾客传达，健康生活离不开水果蔬菜，因此要与批量生产的化学添加食物分开。反过来，如果把水果和蔬菜分开，大多数顾客就要支付更高的价格。

事实上，我在洛斯想做的，只是传统实体店与大型网络零售商竞争的第一步。为什么不彻底改变超市的内部结构呢？如果一家超市能够现场制作新鲜酸奶，甚至是新鲜的婴儿食品，岂不是更好？我在全球各地工作时，许多妈妈告诉我，她们的孩子不喜欢吃家里自制的食品。新妈妈们都喜欢新鲜食物。但是，很少有人愿意买个南瓜或葫芦，磨成一小份一小份的，再把剩下的扔掉。（不过，我们以后还会讨论这个话题。）

亚马逊甚至是沃尔玛，都无法保证顾客下完订单后，一两分钟内就能拿到新鲜的食品。当地超市似乎也无法与改革后的洛斯相比。至少，在南卡罗来纳州和北卡罗来纳州是这样。仅仅两个月，洛斯的香肠和烤鸡销量就暴增了几千个百分点。店内环境焕然一新。现在的洛斯让人觉得随意、舒适、有趣。店内布局随意，给人一种临时拼凑的错觉。周围的走道、树木和道路，甚至有点原始的意味。改建后的洛斯如同西伯利亚东部的院落一样，主要围绕深入人心的价值观、社区感和“本地化”概念。啤酒屋也在筹备中——妻子们逛街时，丈夫们可以喝杯啤酒，放松一下。在许多“维秘”店里，都有一块留给男人的“歇脚站”——一个由两面高墙围起来的座位区。妻子、女朋友或女儿购物时，男人们可以坐下来等候。啤酒屋就是洛斯的歇脚地。这样一来，谁都不着急赶紧完事，男女顾客逛超市的时间都会因此增加。

不过，要是你让我用一句话总结，管理团队的协作给洛斯带来了什么？我会说：我们让顾客——大多是中老年人——做回自己，做回孩子。“‘大数据’从没告诉我们，要建立一个香肠坊，”后来，洛斯的一位高层告诉我，“其实，情况恰好相反。”在美国，没被释放的最大欲望就是真正的自由。当然了，我所说的自由，不是广告里的口号、政治领导的鼓吹，也不是为了几千英里外的战争做借口。我所说的自由不用担心，不用刻意，没有负担，是一种做回孩子的自由自在。

所以，在每一家洛斯店里，我们都会招聘一位经理。他唯一的工作，就是研究人们的面部表情与行为，保证每个顾客离开时都是开心的。顾客们也确实是开心的。有人后来告诉我，在洛斯购物时，就好像“在家里”一样。但是，没人说得清那是为什么。

Small Data

The tiny clues that uncover huge trends

| 第三章 |

印度的统一色

把麦片卖给气场不和的两代女性

长久以来，我都惊讶于世界各国“过滤”其他文化的方式——取其精华，弃其糟粕。比如说，在法国，你会发现，几乎所有卖热狗、炸薯条和干酪汉堡的“美国餐馆”，放的背景音乐都是20世纪五六十年代的摇滚。在英国，当地人会拜访“马里布”“好莱坞星球”这样的夜店——它们的分店从美国开到了法国。日本顾客可能会去日资连锁的安徒生面包店。这家店的灵感来自汉斯·克里斯蒂安·安徒生。可笑的是，两年前，安徒生的出生地丹麦才开了第一家分店。在世界范围内，人们都可以去中餐馆、墨西哥餐馆或意大利餐馆。或者，还可以去澳美客牛排馆。这是一家与澳大利亚毫无关系的澳式风格餐厅，由4位佛罗里达商人建于1988年。但是，关于文化过滤，史上最明显的例子也许要算西方的瑜伽了。

配着低沉动人的拉格（印度教的一些传统曲调），学员们无论身在何处，都能完成二三十个瑜伽动作。大多数姿势的介绍由梵语写成。一些练习室把气温调到37℃以上，目的就是还原6000年前印度人在洞穴中的天气条件。起初，瑜伽是作为一种冥想、心灵和哲学活动。渐渐的，它发展成一种控制型运动，去除了以前的辛苦动作，转而强调呼吸和意识。瑜伽可以让人不用去印度就能体验印度教和佛教的传统精华。

我代表一家全球谷物生产商去孟买和新德里时，脑海中都是这些想法。和大多数其他包装一样，印度夫妻店里卖的谷物盒颜色设计，就是为了吸引新妈妈的目光。这样的包装一直用了几十年。但是，在2013年，不知道为什么，公司发现，在年轻女性买家中，最受欢迎的谷物早餐正在渐渐失去市场份额。我能帮他们设计一个吸引用户的新包装吗？

我错误地认为，这只是一个简单的任务。没想到，我很快遇到的，是贯穿印度各种姓和阶级的问题：一触即发的婆媳关系。

金砖国家，是对巴西、俄罗斯、印度、中国和南非这几个发展中国家的简称。金砖五国通常被视为区别不大。但是，什么都夸张不过现实。我在中国和印度都运营过工作室。以我的经历看，中国重视结构和操作，几乎没什么创造力。相比之下，印度处处都是创造力和混乱，几乎不关注结构和操作。（如果两国合二为一，肯定会成为西方企业的重要威胁。）印度拥有 13 亿人口，是个拥有显著差别的国家。印度的贫穷真真切切，到处都是乞丐。它是世界上污染最严重的国家。印度儿童的营养不良状况，比非洲三大穷国[1]——津巴布韦、索马里和刚果民主共和国——都要严重。在德里，空气污染程度是北京的两倍[2]，让将近 500 万学龄儿童患上不可逆转的肝损伤。公共卫生条件恶劣——据《纽约时报》估计，超过 6.2 亿印度人直接在室外排便。印度教信徒通常会在恒河里洗澡。大量污水管的出口也是恒河。[3] 即使在最现代化的印度城市，基础设施也不够几百万的人口使用，一天还会断电好几次。

脏空气让人透不过气来，汽车、大楼和人行道上都覆盖着厚厚的灰尘。每天都能看到流浪狗、猴子和黄牛，闻到附近垃圾燃烧的烟气。但是除此之外，游客还能看到英国殖民主义残留的茶叶罐，以及如梦幻般的美景。

我在印度旅行时，一次又一次地想到鲜明的对比：富裕与贫穷、整洁与肮脏、现代与传统。出了酒店，呼吸着午后潮湿的空气，你会发现，车辆忽然停下来，等着一头牛缓缓地穿过马路。（我主持过一场研讨会，来自印度大企业的100多名CEO参加了会议。我花了两个小时，讨论当地的每一项政治话题。然后，我说错了话："我想，坦白说，现在没有'圣牛'①了——都被我们干掉了。"这时，主人严肃地告诉我这个短语的来历。）在孟买和德里这样的城市，一些街道甚至不能按照传统意思称为街道。它们更像是由泥浆和水坑组成的宽阔走道。周围都是卖果、蔬、鱼、肉的市场。鱼和肉要么挂的时间太长了，要么有虫子在蠕动，要么掉进了水坑，只等店主人利索地擦干净，再挂回去。

转到另一个角落，可口可乐、沃达丰、百事——在营销和产业的光鲜之下，你会看见一个盛装高贵的印度家庭，四天的婚礼已经办到第三天；或者，一对夫妇骑着老式摩托车，排气管里冒出一股黑烟；小伙子穿着标准的商务套装——白衬衫加黑裤子——他驶过坑坑洼洼的路面，身后的女朋友紧紧地抱住他的腰，而她穿着一件明亮的青蓝色裙子，双腿耷拉在摩托车一侧，谨慎地保持与车轮

① 圣牛，神圣不可侵犯的话题。——译者注

的距离，同时摩托车疾驰过水坑，激起的水花溅到行人身上；狗叫声、鸡叫声、汽车喇叭声和行人嘴里的各种方言交织在一起，到处都是粪便、汗水、动物、烟雾和泥土的味道。

印度的人口密度是美国的 10 倍。在那里，没有谁能真正地一个人待着。无论走在哪一条人行道上，你都不是唯一的行人。任何一幅街景中，都会有别人的身影。上看下看，左看右看：无论你看哪儿，不同年龄段的男女和孩子都在窗口徘徊，边喊边打手势，突然，你看见附近的屋顶上，有两个人光着身子，身体扭抱在一起。无论从表面上，还是从实质上看，印度都是个五彩缤纷的国家。所以，我在孟买的第一天夜里，反复问自己：在印度，颜色大体上意味着什么，有什么特殊含义吗？后来，我深入印度消费者的家里，做“潜台词研究”时，发现了复杂的答案。我直接面对了两代人之间的精彩故事，这是印度婆媳间长期存在的问题——有些姑娘嫁给丈夫时，才只有 15 岁。

去过电影院或看过电视的人都知道，婆婆是经典笑话的老梗。她吹毛求疵，爱管闲事，爱插嘴，以为自己什么都知道。在美国，由于各个家庭住得越来越远，几代同堂已经是过去时了。围绕婆婆的幽默故事渐渐过时了，变得跟 20 世纪 60 年代初的喜剧节目一样。

印度可不是这样。在印度，家庭与家庭之间的关系，西方人是看不透的。每年，有将近 800 万印度少女，嫁给父母为她们选的小伙子。在婚礼前，许多少女不准见到新婚丈夫。据《纽约时报》报道，如果这些女孩反对包办婚姻，“那等待她们的就是暴力，甚至是谋杀”。拿 2014 年的一个例子来说，“由于违背父母意愿，一位 21 岁的新德里大学生被掐死了”[4]。一旦结完婚，新娘就搬到新郎家里，直等他们的儿女成年，再重蹈覆辙。

新娘搬到陌生人家里，以儿媳妇的身份煮饭、打扫、生孩子，全都在婆婆的眼皮底下。印度婆婆是一家的主人，主管一切内政事务。她知道买什么吃的，怎么做最好吃。她知道怎么抱新生儿，哄孩子睡觉。在某些极端的例子中，新娘不准碰长辈，甚至不能在长辈面前说话。新娘出嫁时，娘家会陪嫁一些金钱、首饰或其他财物。从形式上讲，嫁妆的概念可能是违法的。但是，在印度许多农村地区，还保留着这个风俗。

印度的这种婆媳关系既不是夸张，也不是说书。婆婆在印地语中是“Mummyji”，意为“尊敬的母亲”。由于印度普遍存在这种问题，带来了将近50部印地语肥皂剧，被称为“Saas-Bahu”，可以简单翻译成“婆媳剧”。类似电视节目在尼泊尔、巴基斯坦和孟加拉国也广受欢迎。这说明，婆媳剧不是印度的专属。2014年，德里记者维娜·维努戈帕尔出版了《婆婆》一书。她发表在报纸上的一篇文章说，婆媳关系“是背离印度其他关系的一种关系。这种关系已结倒退了”[5]。最常见的冲突包括儿媳妇的穿着（穿着暴露会不招待见）、长相（这反映了婆婆和丈夫的审美），以及她是否遵守家规和宗教礼仪（这是必要条件）。维努戈帕尔认为，在过去的20年中，婆媳纠纷其实一直在恶化。她认为，婆媳关系造成了许多社会问题，包括家庭暴力越来越多、女性在职场的流失率越来越高等。2013年，《经济学人》报告称：“在德里，广阔提哈监狱关了1.2万名服刑人员。其中，一部分女犯人被关在类似营帐的专门牢房里，被称为‘婆婆房’。”[6]她们大部分都是“一时气愤”暴打儿媳的婆婆们。[7]

有人推断，印度婆婆付诸强权，不过是因为她们做新娘时，自己的婆婆也是那样。同时，这个鲜明的例子也印证了，女性在印度文化中的弱势地位。无论怎样，我飞到孟买时，根本没意识到已经进入了战区。

孟买的贫民区已经介绍得够多了。但是，我们以后会看到，它们与巴西的贫民窟是不同的。在巴西贫民窟，贪污腐败成风，毒品和毒贩控制着社区。警察时常突袭，一阵机枪弹火后，生活又回归常态。比起里约热内卢或圣保罗的贫民窟，印度贫民区不是交火区，也不是主要的城市地产区。那里四处杂乱，简陋不堪，通常由塑料、纸板箱、胶合板和金属瓦楞条拼凑而成。墙壁薄如蝉翼，屋顶由锡板搭成。有些贫民区里，每平方英里能容纳100万人居住。他们所谓的“家”，不过是一个嘈杂的蛇形大房子里的几间屋子。邻里之间，社会联系密切，就像无处不在的印度教。其实，印度教与其说是一种宗教，不如说是一种生活方式。梵文里也没有“宗教”这个词。不用说，也不会有街道编号。所以，到了印度，找个当地的向导是很有必要的。不过，即使是经验丰富的导游，有时候也要找附近的居民画个草图。

开门迎客的人永远都是儿媳。婆婆只会坐在屋里等着，因为她是名副其实的一家之主。

在印度，我见过的“婆婆”外表看起来差不多，甚至有一些典型特征。她们大多身材矮小，年龄五六十岁，看起来比实际年龄老很多。几乎所有婆婆都穿着肥大的衣服，不太干净的眼镜上，配着两个厚厚的镜片。不过，我第一眼注意到的，倒不是她们的身材，而是她们色彩艳丽的服装：暗蓝色、海蓝色、粉绿色、淡琥珀色。通过以往对印度的研究，我发现，“奢侈”“富裕”和“成功”的概念与普遍使用的色彩息息相关。这主要是因为，印度的大多数里程碑、典礼和仪式——从出生，到婚礼，再到死亡——都是由多彩的服饰陪伴，甚至是主导的。印度对色彩的重视，始于生命之初。

肥皂品牌“卫宝”（Lifebuoy）就是一个佐证。它于19世纪末20世纪初在英格兰上市。现在，美国和英格兰已经找不到这种肥皂了。可是，在印度，它仍是最受欢迎的除菌皂品牌。这个品牌比大多数手工皂的体积大——大约跟成人的手掌差不多——但是，更吸引人的是“卫宝”标志性的深红色。可以说，在每个印度孩子的成长过程中，都离不开一块鲜红的“救生圈”牌肥皂。这是一种代代相传的习惯，一种对色彩的偏爱。“卫宝”的红色与自然色形成鲜明对比——它的任何特点都跟“自然”没有丝毫关系。可是，在印度，最鲜明的健康标志之一就是瑞士国旗的红十字标志。随便找一家印度医药诊所，用的都是红十字标志，难怪“卫宝”在印度那么受欢迎。品牌所有者联合利华曾经尝试在周边市场推出“卫宝”肥皂，但连一点人气都没有，可能主要是印度对红色的情有独钟。“卫宝”的成功经验迅速扩散到包装商品界。制造商在每个包装上印上不同的颜色，吸引新一代的消费者。

说起来你可能都不信，不过，我们对颜色的偏好通常源于小时候卧室墙的颜色。几年前，一位欧洲跨国企业请我帮忙，为五六家分公司选择一种颜色。这可不是选择红黄橘绿那么简单。参会的每个人都有不同的看法，不同的喜好。也就是说，我不仅要选择一种合适的颜色，还要说服十几位持不同意见的高管。我做的第一件事，是让他们相信，我们的选择、偏爱和品位都能找到童年时期的渊源。接下来的一周，我让每位委员写下他们小时候卧室墙的颜色。要是他们能带来一张照片，那就更好了。一周后，我们再开会时，我把这些颜色和照片都呈现在演示文稿上。接下来的一个小时里，我们快速浏览了高管成员小时候的卧室。最终，评选人选择公司颜色时，大约 80%的人会选择他们小时候卧室墙的颜色。于是，通过研究颜色，我终于明白，为什么印度的谷类食品销售在走下坡路。

要是你去参观一个印度家庭，马上会发现几个细节。儿媳虽然会开门迎接你，但是一旦你坐下来，她就默默地坐着，一句话也不说。要是有人让她说话，她也只是羞涩地说几句。（要我说，即使有些人家里，婆媳关系明显是和睦的。但是，几乎所有的婆媳关系都可以称为“爱恨交加”。）

更重要的是，说与不说都由婆婆说了算。我一开始以为，要是我跟她处不好关系，就别想听到一句实话。所以，我进到别人家里，总会谈论最安全的两个话题：茶和宝莱坞电影。

茶当然是个习惯性话题。主人通常会给客人一杯茶。反过来，客人也应该夸赞茶水的口感。不过，你会发现，印度人摇头的意思，本身就是一门学问——这其中包括上下移动、左右移动、快速有力移动、偏向右侧、偏向左侧、点一下头、点两下头。有时候，夸完茶水也不起作用——婆婆吝啬地笑了笑，冲我点点头。这时，就该用第二招了。这是我在北卡罗来纳州为洛斯工作时发现的。当时，我从电影《回到未来》里学了一个词。

来印度之前，我看过七八十部宝莱坞电影。“宝莱坞”是指以孟买为基地的印地语电影产业，以及它旗下用混合印地语、乌尔都语等方言拍成的电影。有些宝莱坞电影充满神秘浪漫色彩——比如说，《莫卧儿大帝》就讲述了一个王子与交际花的故事——而其他电影就带有强烈的民族色彩。比如，《印度往事》记录了一个印度小村庄以板球比赛的方式，反抗侵略者统治的故事。总体说来，大多数宝莱坞电影都以轻松著称，都想用一种轻喜剧的方式，描绘一个严肃的文化主题。

印度是一个痴迷于电影的国家。宝莱坞电影是人们的主要谈资。而且，这样的人不是小部分，甚至不是大部分，而是将近100%的印度人。我工作顺不顺利，就取决于能不能尽快建立信任感。我知道，如果我能想起宝莱坞电影里某段著名的对话，而某位婆婆十几岁时正好看过这部电影，我就更有可能建立亲近感。

我欣慰地发现，在宝莱坞电影的帮助下，婆婆们对我的来访渐渐地温和起来。于是，就该征求许可了——因为，有人告诉我，如果客人想跟儿媳聊天，必须正式征求主人的同意。我把婆媳俩分开后，才发现了婆媳关系的真相。

当婆婆带我去厨房，介绍怎么泡茶口感最好时，我的助理还在会客区与儿媳在一起。我继续跟婆婆聊天，我的助理也开始委婉地询问儿媳。于是，我就问起婆婆对儿媳的真实感受，助理也问起儿媳对婆婆的感受。通过采访相差 20 岁的两个女人，我深入调查了在印度婆媳两代人眼中，世界都是什么样子的。

最后，我把话题转向食物和烹饪上。我最常问的问题是："你们家谁做饭？"这也不是个小问题，因为我得到的答案将决定谷物早餐该卖给婆婆，还是卖给儿媳。

不幸的是，这是个有争议的话题。婆媳俩都声称自己掌管厨房。

虽然我是靠观察力吃饭的人，但在为顾客做家访时，我还是漏掉了许多明显的问题。别忘了，我经常出现在一个陌生的国家，不得不观察许多新面孔、新环境、新统治者、新的肤色、新的着装方式和新的行为习惯。要知道，在俄罗斯远东，我家访了几次，才发现冰箱贴的存在，以及它们在顾客生活中扮演的角色。在印度，我错过了厨房里许多司空见惯的小数据，那些细节很容易被人忽略。

我参观的每一间印度厨房里，靠近炉子的地方都会放一个调料盒。大多数情况下，那是一个封闭的圆形金属容器，类似于西方的饼干罐。打开后，盒子里装着五六个小容器，里面装着印度最常见的香料颗粒和调味增甜的粉末。颗粒主要包括小茴香、黑芥籽和葫芦巴。粉末主要有香菜粉、姜黄根粉、红辣椒粉和辛辣香料粉（肉桂、豆蔻、丁香和胡椒混在一起的粉末）。调料颜色鲜艳，超凡脱俗，明黄翠绿，让人不由得驻足流连。

这是一条小数据。但在当时，它对我没有任何意义。婆婆们似乎是炉子和烤箱的所有人。许多婆婆会描绘她们爱做的招牌菜——其实，就是她们年轻时给自己孩子做的菜。一二十英尺外的客厅里，我助理听到的完全是另一回事。按照印度儿媳的说法，她们才是全家饮食的负责人。她们要负责购物，决定为自己的宝宝买什么。

在世界各地，厨师一般把常用调料放在炉子附近，就像把食品饮料随手摆在冰箱的前部和中间。我在孟买家访了一周后，开始请婆婆们让我看看调料盒里的调料。第一次获得允许后，我发现调料没什么明显的摆放顺序。等到了另一户人家，另一间厨房，看到另一个调料盒，却发现五六种调料的摆放位置与上一家完全一样。靠近炉子和烤箱的，往往是盒子里颜色最鲜艳的——被煤烟熏黑的黄色小豆蔻、火红色的辣椒粉——而色彩越单调的颗粒，离炉子就越远。为什么呢？一天下午，我从一户人家赶往下一家的路上，突然恍然大悟。

离炉子最近的粉末，跟大多数印度婆婆的衣服颜色一样。不仅如此，屋里挂着结婚或添子等盛大仪式上拍的相片，相框也是那个颜色。直到那时，我才意识到，那些调料是在向我诉说着什么。与我助理从儿媳们那里听到的不一样，在印度人家里，负责做饭的其实大部分是婆婆。调料的颜色就证实了这一点。

然而，单凭一条小数据，无法形成有效的假设，也无法支撑一个商业决策，因为商业决策包装的外观和设计一样重要。这次，我同时问了婆媳俩，能不能进她们卧室看一看。大多数儿媳不是跟孩子住在一起，而是与丈夫共用一个卧室。里面的墙壁通常是灰白色、淡黄色或沙黄色。婆婆们的卧室就不是这样。她们的卧室墙像她们的穿着、她们做饭用的调料一样五彩缤纷。然后，我的一些发现最终对谷物包装的色彩产生了重大影响。

通常，我们挂东西时都会选择最佳视角，无论是画、海报，还是镜子。一幅画的高度，通常稍高于平视的高度。我们挂的镜子，通常能照到我们的脸、头发、脖子和肩膀。我们偶尔也根据在床上、沙发上或我们喜欢坐的地方，选择我们放东西的最佳视角。但是，看了一间间卧室后，我发现，印度墙上的艺术品挂得不高不低，与主人的视平线完全一致，就在视线的正前方。我记下了这个细节。

在深入研究前，先来看看针对西方世界当地人的一个试验。想象一下，你刚刚从烘干机里取出一堆干净温暖的衣服。你往篮子里放衣服时，被一阵清新的花香或新鲜橘子、柠檬的果香包围。你洗衣烘干时，可能正值数九寒冬，但从烘干机里取出衣服，就能闻到水果、鲜花和春天的味道。大多数美国人和欧洲人没意识到，广告商和气味专家已经说服他们，与新鲜概念关联的是时令鲜花或柠檬香味。这种现象在美国尤其普遍。因为在美国，香味添加剂很重，但味道很淡，不仅不易察觉，还容易引起情感共鸣。

在东欧和大多数发展中国家，就是另一幅风景了。几年前，我在俄罗斯帮人创制一种花香型洗衣剂。当时，我发现，世界各地的人们对“新鲜”的概念真是各式各样。作为一个概念，新鲜通常与产品是否真的“新鲜”无关。根据我在全球范围内的研究，新鲜与产品的失效期毫无关系。比如，在法国，“新鲜”通常是指保质期有限的食品或饮料。在消费者的印象里，他们要赶快把它们做好吃了。在法国，由于皮卡尔（Picard）冷冻食品商场的普及，“冷冻”被消费者视为“新鲜”的代名词，就像密封的螺旋盖包装一样。相反，货架期较长的产品通常被认为是“不太新鲜”。在世界各地，我经常让消费者腾空冰箱，然后按照新鲜度换掉每一件产品。最新鲜的放在最上层，最不新鲜的放在下层。在美国，我经常惊奇地发现，许多消费者认为，比刚拌好的沙拉还新鲜的产品中，有亨氏番茄酱和好乐门蛋黄酱。

为什么这款新洗衣剂一开始不受欢迎？在寻求答案的过程中，我发现，俄罗斯消费者与西方人对“新鲜”的概念不一样。在俄罗斯，衣服洗完后，通常挂在后院的晾衣绳上。那么，老婆婆们怎么知道，她们的衣服有没有通过“新鲜”测试？她们把鼻子贴近衣服，闻到的味道里有风、纤维、泥土、湿气和零下几十度低温下变硬的衣服纹理。目前，在我采访的俄罗斯消费者中，这种香味是最受欢迎的。花香型洗衣剂出现滞销，也是这个原因。花香味不仅无法引起俄罗斯人的情感共鸣，还会让俄罗斯人不自然。最后，我说服那家洗衣剂生产商，完全去除了产品的花香味。然后，我们模拟了冷空气、泥土和户外的味道，那款洗衣剂又开始畅销了。

对儿媳做完潜台词研究后，我想起了在俄罗斯的经历。我开始约上印度女孩到当地大学、茶店和咖啡店里（印度的咖啡是甜的，而且以牛奶为主，跟西方人喝的不一样）。我的任务很简单：了解成为儿媳前的印度女孩。参观完她们的宿舍，看完她们的脸书页面，我清晰地发现，西方意象对她们的生活有着怎样的影响。她们有西方歌星的照片，她们“喜欢”许多西方品牌，也喜欢韩国品牌，喜欢苹果，也喜欢三星。在印度，主持家务的到底是婆婆，还是儿媳？在搜索答案的过程中，我越来越相信，儿媳在印度厨房里几乎毫无地位。证据包括调料的颜色，也包括婆婆卧室墙的鲜亮色彩。

我完全忽略了什么——某个完全改变游戏规则的本质特征。是气味。是灯光。它闻起来像玫瑰。简单说来，在印度调料和粉末的香味中，混合着花香型洗洁精的淡淡味道。这是一种极其西方化的香味。据我所知，印度婆婆和俄罗斯婆婆一样，都喜欢自然的、户外的“新鲜”。她们永远都不会用这种洗洁精。那么，如果在一个传统的印度家庭里，出现这种西式水仙花味和玫瑰香，结果会是怎样的?

有些地方不对劲，有些地方有问题。据我所知，在这个国家，对于传统一代来说，雨水和泥土等“自然”的味道能让人产生更多情感共鸣。那么，花香怎么在印度发展?我意识到，答案是，21 世纪的印度婆婆渐渐地发现，她们自认为“现代”和“时髦”。这可能要归功于网络和低成本的智能手机——她们大多数都拥有的所谓“功能手机”。这时，我访问孟买和德里当地的大学时，闻到的花香味一下子讲得通了。那些年轻女孩使用花香味是因为，那是她们第一次离家。

我之前提到过，印度和中国都是地球上污染严重的国家。大多数年轻母亲有理由担心，污染可能会对孩子的成长与健康产生影响。她们意识到印度的卫生问题。在这个国家，到处都是细菌。全球 20 个污染最严重的城市中，印度城市占到了一半。[8] 在西方世界，对天然和有机的概念，人们还存在争论。相比之下，在印度，天然是个相对新鲜的概念，尤其是与婴儿相关时。那么，从印度年轻母亲的角度看，什么颜色最能让人联想到“天然”?

于是，我进行了一项实验。我让婆婆和儿媳们分别列出一组颜色，从“最新鲜”到“最不新鲜”排列。一周后，我总结出了结果。我困惑地发现，这两组结果差异巨大。甚至，她们对“新鲜”的定义完全相反。可以说，她们在用不同的方式感知世界。对印度婆婆来说，“天然”就是指她们的调料颜色。她们认为，色彩越艳丽，调料就越新鲜。深紫、橙黄和荧光黄：这是她们心中最新鲜的颜色，这从她们的衣着就能看得出来。印度老太太穿的颜色，跟她们用的调料颜色一样。这么做是为了从视觉和感觉上，都做到“最新鲜”。相反，印度女孩越来越受到西方意象和观念的影响，都不约而同地喜欢绿色。

双方打成了平手。就像在印度家庭中，婆婆与儿媳在支配权的较量上，经常会打成“平手”。可是，说到底，双方都没能获得对内务的完全控制权。双方都不是家庭的绝对控制人。但总体而言，印度婆婆负责烹饪，儿媳负责整理和洗碗。

那该怎么做呢？结论很清晰，但又是个大挑战。至少，在我看来是这样。谷物食品生产商面对的，是两个完全不同的群体。她们不仅共享一个家庭，还平分这个家的“情感监护权”。无论我们的新包装怎么设计，都要同时满足这两个敌对的决策群体。印度婆婆喜欢生动多彩的包装设计。而这在儿媳看来，这样的色彩显得做作，跟天然有机是完全对立的。

我要想出一种能同时吸引婆媳两代人的包装策略。为了保证不出错，我要用一种非常成熟的视角看待这个世界。这个方法我已经用了许多年了。

我第一次用这个方法是在英国。

1981年，从一辆货车上下来一批新英格兰的老年男人，他们进了新罕布什尔州的一栋建筑里。那里以前是个修道院，后来翻新用来做试验——试验的主导者是哈佛大学心理学教授埃伦·兰格，她把试验称为“逆时针测试”（Counterclockwise Test）。参与试验的都是七八十岁的男性，身体大多面临那个年龄的尴尬。但是，他们一进门，就看到完全不同的情景，甚至连年份也变了。1959年又回来了。老式收音机里，放着纳京高①和佩里·科莫②的音乐。一台黑白电视里，播放着1959年的综艺节目，甚至是广告。屋里没有镜

① 纳京高（1919—1965年），钢琴演奏家，男中音，主要音乐风格是爵士乐、流行乐。——译者注

② 佩里·科莫（1912—2001年），美国“二战”后至摇滚崛起的20世纪50年代中期最伟大的流行歌手之一。——译者注

子。参与者要听从明确的指示：不仅鼓励他们交流关于这个时代的回忆，还要尽可能变成自己20年前的样子。他们要用现在时谈论1959年发生的事情。

一周后，第二组男性也加入了同样的试验。对第二组的要求是，不能假装自己回到年轻时候，而只能以回忆的方式思考和谈论经历。在进入修道院前，经两个样本组同意，医疗小组采集了他们的生命特征，包括视力、听力、记忆和灵活性等。

按照《纽约时报》的说法，实行“心理干预”的兰格有着出色的学术背景。[9]她认为，为了改善老年人的健康，要进行干预或刺激，让他们的身心在不知不觉中治愈。

5天后，再次采集了两组人的生命特征。无论怎么看，他们的姿势和步态都呈现了改善的迹象。他们的视力和听力都变好了。两组人的身体都变得更加轻快和灵活。甚至，连他们的智商测试分数都提高了。但是，与单纯回忆的那组人相比，假装自己回到1959年的那组人呈现了更明显的改善。正如兰格对《纽约时报》说的那样，第一组人“‘思想回到了从前’，身体机能也跟着恢复了”。[10]

2000年初，我为英格兰萨迦公司一个项目工作时，脑海中一直记得兰格的研究。萨迦就跟美国退休人员协会一样，主要服务50岁以上的男女。萨迦让我认识和了解这些老年人，帮他们设计“萨迦蓝宝石”号游轮，让乘客能找到家的感觉。从直观感觉上，在套房舱里，我想摆放20世纪五六十年代时乘客们熟悉的家具、音乐、电器、色彩和游戏。这样做的目的，是尽可能巩固乘客间的联系，为他们呈现成长的时代。

更难的是，还要让萨迦的管理者明白，理解老年人的世界观有多么重要。大多数萨迦员工年龄在三四十岁。我让他们用24小时考虑游轮的设计，并假装自己75岁、80岁，甚至年龄更大。我让他们想象一下，穿上类似消防员的衣服，穿上铝鞋降低灵活性，戴上让远距视力变模糊的眼镜，戴上降低听力的耳塞，按电梯按钮时戴着厚厚的手套。这样，他们就会知道手脚不灵便是什么感觉。带着这种认识和经验，我们继续设计“萨迦蓝宝石”号。“萨迦蓝宝石”号最终取得了巨大成功。这也告诉我，站在别人的立场考虑问题，有多么重要。我打算在印度也这么干。

观察的习惯就像写信一样，是正在消失的艺术。部分原因在于，现在我们一独处，就埋在手机里，无心观察周围的环境。说实话，即使没被手里的数字产品吸引，我们大多数人也不喜欢关注周围的线索链。而且，如果一条线索就能解开全部线索呢？

其实，有时候你必须心怀见解或评论。它们乍一听毫无意义，你却要跟随它们的脚步。最后的结果，你经过一系列的小数据挖掘，只找到一堆毫无结果的线索。但是，你也可能意识到，一个故事开始形成了，故事线索将窗台上的小雕像、半系着的旧鞋和冰箱里的蛋黄酱联系在一起——或者，在这个例子里，一条线索将厨房调料的摆放方式与一代人的颜色偏爱联系在一起。这在印度是普遍存在的。

要知道，即使在孟买、德里和海得拉巴等相对现代化的大城市——虽然沃尔玛在印度 8 个州拥有和运营着 20 家最优惠价现代批发卖场——印度其实不存在真正有组织的零售业。相反，以夫妻店为主的私营小店是当地主要的零售形式。在这些店里，几乎每一种食品都按份出售——这是印度不可缺少的一个概念。在泰国和菲律宾，当地人没空间和金钱，没法每周去购物一次。

接下来的几天，我站在人行道上，观察进出商店的婆婆们。当时的气温将近 38℃，但是，我坚持站在原地，观察她们在看什么。

我甚至跟着几位婆婆走进店里，小心地走在她们身后。她们瞄了一眼右边，还是左边？她们迟疑了吗？她们为什么停顿？她们伸手去拿的那件商品是在视平线以上、视平线以下，还是与视平线平行？

在萨迦公司时，我让员工站在老年人的立场观察世界。类似的，我试着以一位 50 岁印度女性的立场看问题。我走进一家又一家店，想站在她的立场认识世界。过了没多久，我发现了 50 岁时看不到的颜色和图案。全世界老年人的眼光都是一样的。大多数 40 多岁的人容易花眼。这个医学名词主要指视力“变焦”功能的自然硬化症。我甚至拜访了一位印度验光师。他告诉我，五六十岁戴眼镜的人群，要比 40 岁人群的平均视力差两三倍。我想，只有我自己发现了印度婆媳间的差异，才算真正找到了解决方案。

一天后，我找到了模仿婆婆们视力的眼镜。我这次弯着腰驼着背回到店里。我没戴假发，也没化妆。但是，我已经接近婆婆们的感觉了。试验结束后，回到酒店里，我惊奇地发现，从一位印度老妇人的角度看，这个世界是多么陌生。

但是，我又回到视力的概念上。从一位印度婆婆的角度看，几乎所有东西的边缘线条都是模糊的。她唯一能看清的就是颜色。问题是，她最不能区分的两种颜色——“天然棕”和“新鲜绿”——正是儿媳们偏爱的。还要考虑其他问题。婆婆们看待货架上的谷物早餐时，采取的又是什么态度、什么角度和什么立场？要弄清这个问题，就要理解超市的实际现象、货架的摆放方式，以及明暗光线扮演的重要角色。

在超市术语里，“阴影线”是指超市货架太深，或顶灯光线角度不对时，落在包装顶上的阴影。不同光线的交错，以及产品上的光照，会让许多产品留在阴影里。印度婆婆盯着谷物包装时，起到显著作用的也是阴影线。同时，从她的身高和角度看，她看到的其实是最理想的。那里有她最喜欢和最欣赏的颜色，那些明艳的色彩充满活力与生机，是在告诉她，眼前的产品很“新鲜”。

现在，我该转变角色，模仿一位20岁左右、腿脚灵便、视力清晰的印度儿媳了。从她的角度看，这个世界完全是另一派光景。她看不到包装的底部；她只是瞄一眼包装顶部，然后再朝下看。我发现，从儿媳的角度看，装谷物的容器颜色犹如调料一样明亮。这是老一代人喜欢的颜色。但在儿媳看来，这就是一个装满化学物质的糖果盒，跟“新鲜”和“天然”差得远。相比之下，由于阴影线的存在，婆婆们看清的是包装底部的鲜艳色彩，而不是那两英寸的顶部包装。

我不得不采用两种完全不相容的色码。几周后，谷物早餐生产商采纳了我的新包装设计模板。

过去，一对婆媳出去购物时，往往意见不合，大声争吵，最后买走两样不同种类或不同品牌的谷物早餐。从现在开始，两个女人一起购物时，就会被相同包装的不同颜色吸引了。首先，针对婆婆们的需求，我的解决方案是，将 2/3 的包装底部换成艳丽、明亮的调料颜色。在包装的一侧，我还增加了一个触觉维度设计，激发老一代人拿起产品的欲望。剩下 1/3 的包装，是给身材高些的儿媳看的。这 1/3 要设计成“天然棕”和“天然绿”，并详细介绍谷物早餐的天然成分。

但是，一个包装也不可能只有颜色，还要有人物！在墨西哥，我第一次意识到，母亲与孩子间的牵绊是由几个难忘的瞬间或关键点组成的。当然了，我们的生活通常无非贯穿起来的许多瞬间。但对新妈妈和新生儿来说，情况尤其如此。

虽然人类体重与卡路里间存在着利害关系，但婴儿们通常可以随心所欲地吃喝。新妈妈想让自己的宝宝增加体重，因为对一个没经验的妈妈来说，体重大就意味着孩子健康。孩子健康了，就代表妈妈做对了。简单说，新生儿的食欲直接影响到新妈妈的内心是否平静。 如果新生儿或幼儿喝光瓶中的奶水，吃光盘子，妈妈们不仅会给自己加分，也会得到另一半和整个文化群落的赞赏。在全世界范围内，宝宝们对饮食都很挑剔。但在墨西哥，如果孩子拒绝妈妈准备的饮食，爸爸责备的往往是妈妈，而不是孩子。妈妈们的反应是，给孩子更多吃的，孩子也就变得更重。要是孩子最后变成婴儿肥，就更好了。这样，妈妈们就算赢了。更重要的是，整个墨西哥文化也会大加赞赏。

新生儿与妈妈的每一个“瞬间”会持续大约 45 秒。最重要的瞬间之一就是孩子开始在妈妈怀里打瞌睡时，随后，就是孩子闭上眼睡觉的瞬间。每一个应答者都告诉我，他/她“觉得”孩子变重了。其他瞬间包括孩子浴盆里洗澡，以及新爸爸与孩子的互动。不过，爸爸们通常很少当中心角色，因为妈妈通常被视为孩子的负责人。据我所知，在巴西和许多发展中国家，最受欢迎的瞬间是新妈妈发现孩子学习新东西时。不用说，这些瞬间其实都是充满情感的。当我问墨西哥的妈妈们有什么感觉时，她们通常回答的是“舒服”“和谐”“信任”和“亲情”。

从营销的立场看，问题很清楚：有没有什么办法，能把妈妈与新生儿的这些瞬间融入某个产品上，甚至是某条电视广告中？谷物早餐生产商能不能也“拥有”一个通用的瞬间？就像柯达曾经“拥有”拍照的瞬间，美国在线公司“拥有”过“您有新邮件”的瞬间，苹果现在“拥有”手指从左到右“滑动解锁”的瞬间，沃尔沃“拥有”安全的瞬间，谷歌“拥有”检索的瞬间，万宝路“拥有”牛仔的瞬间？我招了一个创意团队，帮助公司看清妈妈与孩子间每个瞬间的本质与分量。用形象的说法，一张照片可以传达出新生儿犯困闭眼时的“重量”吗？

全世界的大多数谷物包装上，都会画着一个孩子。但是，印度拥有世界上最严格的广告规则，它禁止人类出现在包装设计上。印度政府不想让小孩和妈妈们食用不健康，或被视为不健康的早餐。印度政府还认为，如果产品包装印上新生儿的形象，制造商可能误导消费者，让他们以为，他们的孩子有一天会像包装上的小模特一样漂亮。

我们最后在印度推广时，新包装上印了一个宝宝用的勺子，里面盛满了谷物早餐。简单说来，那就是一个瞬间。在一个人口众多的国家，这个包装强调洁白、平常和简单。如果你认真看，还会发现别的细节：两套完全不同的配色方案。一套是针对 50 岁到 70 岁的女性，另一套是针对 20 岁左右的姑娘。两套方案看起来是一样的谷物早餐，一样的包装设计——如果不戴眼镜，你就永远也发现不了差别。

Small Data

The tiny clues that uncover huge trends

| 第四章 |

在快餐、中东影院和酒店泳池的帮助下直击减肥

从本质上讲，我们都有一个归属，或者几个归属。我们拥有自己的国家，自己的家庭，自己的乡镇，或自己的城市。所谓的身份包括我们去哪儿上学，加入哪个俱乐部，跟谁当邻居，我们的家乡在这个国家的哪个区域。性别是归属，职业是归属，政治立场是归属，宗教信仰是归属，我们的朋友圈、年龄，甚至外貌都是一种归属。

友谊可能算一种归属，但它却以另外一种方式在起作用。朋友群会影响我们的外貌。《新英格兰医学期刊》上一项将近10年的研究发现："肥胖会像病毒一样，由一个人传染给另一个人……当一个人体重增加时，最亲密的朋友也会跟着变胖。"[1] 这项新研究的主要研究者、哈佛大学教授尼古拉斯·克里斯塔奇斯解释道："其中一个原因，就是朋友会互相影响对肥胖的认知。好朋友变肥后，肥胖看起来就没那么糟糕了。”简单说来，根据《纽约时报》上的有关报道，根据周围人的表现，我们可接受的体型也会发生改变。[2]

众所周知，肥胖正在全世界范围内蔓延。10年前，根据美国疾病控制与预防中心发布的数据，美国女性的平均体重为166.2磅，仅仅稍低于20世纪60年代美国男性的平均体重。从1960年到2002年的同一时期，美国男性的平均体重增加了30磅。[3]造成这种现象最常见的原因有：美国人的锻炼频率降低了，并且消耗了更多高卡路里的廉价食物；对大多数人来说，仅仅一顿饭的卡路里，就相当于一天的需求。而且，虽然全世界的媒体都在关注儿童肥胖问题，但在《纽约时报》上，一篇关于超重儿童的文章指出：“父母似乎越来越忽视孩子体重的增加。”至少在美国是这样。文章还指出，在肥胖女儿的父母中，大约有70%“表示他们的孩子‘体重差不多正好’。”耶鲁大学预防研究中心主任戴维·卡茨将这种现象称为“肥胖无视症”。[4]

每年，美国人的快餐花费就超过1000亿美元。在欧洲和远东地区，快餐连锁店已经成为日常生活的重要部分。在频繁访问日本的经历中，我开始发现超重儿童的数量是相当多的。在20年前，这可是闻所未闻。麦当劳在日本拥有3000家分店。它之所以流行，可能是因为许多人都付得起“100日元的消费账单”，按照当前汇率折算，相当于0.81美元。这样一个极具诱惑的低价，甚至打破了日本爱海鲜不爱肉食的传统。

据说，世界上超重现象最严重的两个地方是沙特阿拉伯和墨西哥。宝宝的体重与他的健康快乐之间，存在着一种莫名的文化关联。在墨西哥，甚至整个拉丁美洲，肥胖水平居高不下，也有这个原因。2013年，墨西哥超过美国，成为全球“最肥胖的国家”。将近70%的墨西哥成年人超重。30%的学生和1/6的成年人——大约1000万人患有肥胖症。这些数字简直让人震惊。2013年，墨西哥总统恩里克·培尼亚·涅托开始引入全国苏打税，限制消费者沉醉于没营养、高热量的食品。[5]

在沙特阿拉伯，就没有这样的措施。我前文提到过，宗教警察负责执行全国的着装规范。在公开场合下，沙特女性必须身穿“阿巴娅”长袍，除面部和双手外，要盖住全身，还要戴上面纱。各年龄段的沙特男性都要穿上白色长袍，配上披风，头戴白帽或缠头巾。这不仅符合宗教警察的执法规范，还能掩盖人们的体型。反过来，他们不仅会因此不在意自己的身体，也会超脱于别人的日常评价。在这样的文化中，人们在生活中身穿宽松服饰，就不会产生保持健康、保持苗条的社会压力。

与墨西哥一样，中东是全球成年型糖尿病发病率最高的地区之一。在2030年前，预计将近半数的中东人口会患上糖尿病。中东人习惯久坐，且当地饮食大多含糖量很高，主要包括混合甜食、鹰嘴豆泥、碎肉和面包。那里全年气候炎热，人们不愿意锻炼身体，也不愿意从事大多数户外活动——我觉得，天气那么热，说不定哪双鞋的鞋底都会化掉。所以，我通常会把两双鞋子放在行李箱里。中东还是世界上电脑产品和屏幕游戏消费最多的地区。而且，按照传统，沙特女性是不可以锻炼身体的。而沙特男性却“获准”出现在公开场合，甚至可以慢跑。2015年起，沙特女性可以在学校锻炼身体，参加体育项目，但这一变化也不乏争议。根据美国全国公共电台的报道，一些宗教保守人士认为，女孩参与训练“是受到西方化思想的影响……会导致通奸和卖淫”[6]。

体重问题还遗传到了年青一代。根据《华尔街日报》的报道：“约有9.3%的沙特学龄儿童符合世界卫生组织的肥胖指数标准。”[7]

许多沙特学校没有针对儿童的健身项目。孩子们只能待在家里、坐在汽车后座或者玩电脑。

另一方面，美国和欧洲的肥胖问题更是众所周知。西方庞大的饮食图书业和美容业，就是在希望与失望的不断循环中建立起来的。平均每过三周到一个月，西方人就会尝试新膳食、面霜或口红。如果不起作用——不是立竿见影，甚至让人焕然一新——他们就马上换新的饮食法或品牌。南滩饮食法、穴居人饮食法、阿特金斯饮食法、激素调节饮食法、腹部燃烧计划、无麸质饮食法、“别找借口”饮食法——倩碧、娇韵诗、资生堂、茱莉寇、莱珀妮、海蓝之谜，不同的品牌，但又有什么区别？还有一个问题，超重人群在公开场合通常吃得很少。回到家后，他们觉得饿了，就再吃一顿高热量的食物。至少，在美国是这种情况。我每次去消费者家里，都会看看他们的冰箱。我知道，主人肯定为我的到来做好了准备，所以我面对的是一个精心准备的现场。大多数消费者——包括我自己——的冰箱里，都会精心摆放，整整齐齐。冰箱里的东西闪闪发亮，还挂着水珠，有碗装的芹菜、胡萝卜、水萝卜或圣女果。但从本质上看，羞愧和秘密都属于个人财产。当我在消费者的厨房里蹲下来，看完冰箱底架上的东西后，更印证了这个看法。

冰箱底架是“杂物”回收站——奶酪、冷盘、面包、酒水、巧克力棒。消费者们把不健康的食品搁在一边，借此说服自己，他们吃得比实际情况要健康。根据我多年的发现，鞋子堆里可能藏着六包苏打水，储藏室里大概藏着薯条。还有一次，有个人的卧室地板下，藏着一大堆巧克力和妙妙熊软糖。消费者常常解释说，他们买一箱百事可乐或十几袋炸玉米片，是因为买多了更实惠，事实确实如此。不过，研究表明，我们买的苏打水和零食越多，消耗的也就越多。

有时，除了查看冰箱和藏零食的地方，我还会请求看看他们的垃圾。我最喜欢的工作内容之一，就是和当地的清洁工聊天。无论他们生活在世界哪个角落，都能看到、闻到一些特殊信息。我们大多数人扔完东西，就很少再想起来了。至少，我们自认为，只要把近期经历和好坏习惯的证据都扔了，就没事了。一位瑞典清洁工告诉我，从封垃圾袋的样子，就能知道这人很多故事。比较自信的消费者从来不用塑料绳封口，只是把塑料袋打个结。他说，一个人越没把握，结头或绳子就越多。

垃圾箱里的东西也能传递出很多关于主人的信息。我采访过的另一位清洁工，把垃圾称为“那堆杂七八糟”。经验告诉我，一个人挤完一管牙膏，直接不带盖扔掉，那么他可能在谨慎地攒钱。不过，一天结束时，他们会给自己花钱，好像要补偿先前的漫不经心。如果顾客扔掉的牙膏盖拧得紧紧的，他们就很少愿意放松，不愿意暴露自己的性格，也不会奢侈放纵。用完半管牙膏就扔掉的顾客，通常没有用完牙膏才扔的顾客安稳。所有这些……都来自一个垃圾桶。

几年前，麦当劳欧洲公司请我设计一款健康的“欢乐套餐”。由此，我深入研究了肥胖和快餐话题。这份工作最开始在法国，后来又到了欧盟和美国——补充一句，在那些地方，我的想法都被婉言拒绝了。后来，我的想法又重回欧洲，在德国和其他几个国家得到最终实践。

首先，说明一下相关情况。作为全球最大的食品连锁店，麦当劳在118个国家和地区拥有35000家门店，每天能接待6800万名顾客。不过，大约10年前，麦当劳正面临公关大危机。2001年，记者埃里克·施洛瑟出版了揭露快餐行业的畅销书《快餐国度：全美餐饮的黑暗面》。这本书展示了主要快餐经营者不愿透露的惊人内幕。三年后，电影导演摩根·斯普尔洛克推出了纪录片《麦胖报告》。纪录片中，他一日三餐只吃麦当劳。吃了整整一个月后，他的身心都发生了变化。实验结束时，斯普尔洛克增加了25磅，整个人变得低沉沮丧，昏昏欲睡。他的胆固醇飙升，出现了心悸现象。与此同时，一些研究表明，在过去的20年间，欧洲的肥胖水平至少翻了一番。麦当劳发现，它站在了这场“流行病”的风口浪尖——麦当劳菜单成为肥胖和不健康饮食方式的罪魁祸首。就在这个危机时刻，麦当劳欧洲公司的首席营销官问我，能不能想办法重新打造“欢乐套餐”的概念。

麦当劳在欧洲最大的市场位于德国、英格兰和法国——我就在那些地方做了“潜台词研究”。法国的麦当劳和美国的麦当劳一点也不一样。法国的麦当劳显得更优雅，椅子更舒服，桌子更结实，装饰更精细、更高档——法国人喜欢艳丽的红黄色，而美国人却喜欢暗淡、低调的深绿色。法国人喜欢麦当劳，是出了名的。法国拥有1200家麦当劳门店，是除美国外麦当劳效益最好的国家。当然了，法国税收高，失业率高，通货膨胀严重。在首都巴黎，物价普遍较高。巴黎郊区聚集着全世界最贫困的人口，麦当劳也算比较便宜的了。

有些评论家把麦当劳在法国的成功，归功于它对法国人饮食习惯和当地原材料的熟悉，包括芝士、油酥点心、杏仁饼干、土豆加食草牛肉、法国长棍面包。麦当劳甚至还专门针对法国大量的伊斯兰人口，推出了清真食品。这一点我完全赞同。并且，我还相信，麦当劳在法国的成功，某种程度上违背了这个国家的饮食传统——法国人每顿饭要吃好几道菜，吃很长时间。所有人都吃完后，同桌的人才能离开。同样的例子还有世界上最大的冷冻食品连锁——法国皮卡尔。它能取得非凡成就，也是违背了法国的饮食传统。皮卡尔拥有 500 家类似小葡萄酒厂的店面。每一家店都像医院一样，看起来洁净无菌。皮卡尔自有的待售品牌，包括肉类、贝类、土豆、蔬菜和甜点，都摆放在齐腰高的冰箱里。大多数法国女性需要外出工作。在法国，冷冻食品已经成为一种流行趋势，连一些米其林星级餐厅，都会使用冷冻的原材料。

从美学角度上说，法国麦当劳可能跟美国麦当劳不一样。但是，两个市场都遵循麦当劳的核心原则——首要原则就是，麦当劳既不是孩子玩耍的地方，也不是成年人闲逛的地方，而是一家人可以共度时光的地方。在法国，许多人家都喜欢一起去麦当劳。我发现，参观完法国小镇和城市里的门店后，我正面对一个法国人特有的失衡现象。法国人能一家人去餐厅吃饭，对麦当劳的盈利来说是好消息。而且，这也表明，法国父母与孩子相处的机会正在减少。我采访法国父母时，发现两个问题：父母双方都外出工作，觉得没有足够的时间跟孩子相处。

在全世界范围内，20 世纪 70 年代晚期推出的“欢乐套餐”有许多不同的叫法，从加拿大的“Joyeux Festin”，到拉丁美洲的“Cajita Feliz”，即“欢乐盒装小套餐”。那时的“欢乐套餐”跟现在一样，包括一个汉堡、一个干酪汉堡或一份麦乐鸡块、一小份炸薯条、一杯苏打水。众所周知，“欢乐套餐”里还有一件玩具，通常源自当时流行的家庭剧、电影或现存的玩具产品。

我的任务就是，让麦当劳表现出无所不能的潜力——证明健康食品也可以“很有趣”。要我说，这是任何一家公司都没获得过的成就。其实，更准确地说，我所谓的上班，就是去一个奥运会规格的公共游泳池游泳。它位于澳大利亚悉尼市的滨海郊区，名叫米尔森角。

我喜欢住在有泳池的酒店里，因为我能在泳池里想到好主意。这样的不是我一个人。许多人看到水都会受到启发，无论他们是在沙滩上漫步、用水冲澡，甚至听到水流声、浪花拍海岸的声音。据说，希腊数学家、物理学家和工程师阿基米德洗澡时发现了密度和浮力的定律。作曲家法瑞尔·威廉姆斯每天早晨都重复一个习惯。“我要先冲个澡，许多灵感都是那时候想出来的。”法瑞尔告诉《快公司》杂志。他甚至在淋浴下完成过几首歌。“如果你（的潜意识）不会被自我意识干扰，不会被‘不对，不应该这样’的想法干扰，很多想法都会涌现出来。一旦你开始评判和修改，就失去灵感了……于是，我总是花很多时间站在淋浴下发呆。”[8]

为什么水池、湖泊、池塘、海洋、淋浴和浴室会让人想出好主意？这一点就更难解释了。一个流行的说法是，我们大多数人都不是活在当下，只不过我们自己都没意识到。我们把大量的时间花在谋划未来或回顾过去上。但是，我们游泳、冲凉或洗澡时，只能让自己留在当下，让思想肆意驰骋（不过，越来越多的年轻人告诉我，他们洗澡时会带上手机，放在一臂远的地方，继续收发短信）。当我们积极搜寻答案或解决方案时，往往一无所获。但是，当我们放松下来，做一些不动脑子的常规活动时，答案却自己出现了。哈佛大学研究者、心理学家谢莉·H.卡森曾说，如果我们被一个问题困扰，任何妨碍注意力的行为都会产生“一个孵化期……换句话说，注意力分散后，你才有时间静下来，摆脱对无效答案的固执”[9]。

同时，在激发好创意上，某种特定的活动比其他活动效果好。在理想状态下，那种活动既要常规化，又要富有创造力，比如跑步、骑自行车或园艺工作。这三项活动中，都包括含蓄的、无意识的动作，同时又充满即兴和偶然，能把完全不相干的想法汇集起来。在我的职业生涯中，我习惯把这些启示称为“水中时刻”。在米尔森角那天，让我想起了有关麦当劳“欢乐套餐”的创意。

那个午后，我一个人在中心泳道游来游去。在某一刻，我意识到，附近有家咖啡馆在卖夏天该卖的东西——热狗、汉堡、炸薯条和洋葱圈。孩子们在浅水区玩耍。我看见，有个孩子津津有味地啃着一根胡萝卜。我记得，自己当时的想法是，“那也许是澳大利亚人的怪癖”。然后，我发现孩子们说的是德语。我游了一个小时，游到一半，想清楚了几件事。

在我看来，“欢乐套餐”最大的问题就是太平淡了。它跟广告上宣传的一模一样，不会带给人多少惊喜，不会激发创意的游戏，也不能产生幻想或魔力。孩子们一打开“欢乐套餐”，就打开玩具，吃掉套餐，只是这样。他们想不到故事，也激发不了想象空间。

新的“欢乐套餐”——最后被称为“欢乐套餐 2.0”——是被三个泳道激发出来的。我想，每一个泳道代表了麦当劳新儿童套餐的一份原料。一个泳道代表番茄，第二个代表胡萝卜，第三个代表花椰菜。唯一的问题是，找到一个概念，想到一个故事，能把这三样菜集合起来。

在丹麦一个创意小组的帮助下，我很快就想出了主意。从蔬菜本身来看，一碗豌豆、一半花椰菜并没那么吸引人。但是，把豌豆穿成一条项链，把胡萝卜雕成怪兽模样后，蔬菜就突然变得有趣了。在接下来的几周里，我和创意小组想出了一个简短的想法列表，其中就包括为“欢乐套餐”设计一个环保餐盒。我还意识到，如果创意的目的是哄孩子吃黄瓜、番茄或花椰菜，麦当劳就要与迪士尼、梦工厂、皮克斯玩具保持长期联系。

我们想到，如果孩子能自己做汉堡，就更有意思了。我们“欢乐套餐 2.0”的第一个创意，是一个手持汉堡的小龙，它旁边放着一个汉堡面包。穿过一片番茄，爬上黄瓜条和胡萝卜做成的“楼梯”，孩子们就能发现一个小型的史莱克或菲奥娜公主。我们的第二个原型“太空”源于“太空飞船”。“驾驶舱”里放着一个番茄，

“后门”是胡萝卜，周围是一小袋蜜瓜球，孩子们可以用一根小塑料棒扎着吃。只要孩子们找到藏在“驾驶舱地板”上的三个特殊数字，就能用“密码”打开“太空飞船”，拿出汉堡或鸡块。“欢乐套餐2.0”还有另外几个好处。父母们会发现，孩子们反常地爱上了吃蔬菜。妈妈们欣慰地发现，她们喂孩子的不是垃圾食品。爸爸们把孩子带到麦当劳，也不担心会被妻子骂了。

我把想法告诉麦当劳欧洲的高管时，他们都高兴极了。你可能会问，为什么以蔬菜为主的“欢乐套餐2.0”，不能成为全球麦当劳快餐的主打商品？不幸的是，这个想法成为经营障碍的牺牲品，最终无疾而终。一个公司做到像麦当劳这么大，这么复杂时，想改变流程太难了，要付出的代价也太高了。麦当劳制造了30年的“欢乐套餐”，运营许多专门制造餐具和玩具的工厂——麦当劳是世界上最大的玩具经销商。此外，在新产品上市的18个月前，麦当劳就开始规划菜单。还有许多其他障碍，包括投资新机器，获得新的许可证，教育培训成千上万名员工。连蔬菜本身的保质期，也会成为一种障碍。黄瓜、番茄和胡萝卜不能冷冻，否则就会变软、变形、变味。事后看来，我想如果放在今天，我对人脉与政治都有了更深的理解后，会更有把握推行“欢乐套餐 2.0 计划”。但在 10 年前，这个想法实在让人望而却步。

回到几年前，珍妮 · 克雷格减肥与营养公司找到我，希望我能想出一个营销创意，既保证顾客的忠诚度，又能提高对减肥人群的品牌“黏性”。

1983 年，在澳大利亚墨尔本，两位美国移民——珍妮 · 克雷格和悉尼 · 克雷格成立了珍妮 · 克雷格公司。公司的理念是，减肥就像减少卡路里、用餐分量和脂肪含量一样简单。在美国，珍妮 · 克雷格拥有 450 家健身中心。想减肥的人只要走进其中一家健身中心，支付报名费，注册每周的一对一课程，就能接受珍妮 · 克雷格顾问的指导，选择一份提前设好的冷冻食谱。许多顾问以前也是珍妮 · 克雷格的会员。一份食谱每天包含 1200~2300 卡路里。每周，一个客户在早餐、中餐、晚餐和零食上的花费大约为 100 美元，一个项目的时间大约是 12 周。 相比之下，珍妮 · 克雷格的主要对手——慧俪轻体——会对几千种食品饮料进行棒点值衡量，要求会员不能超过那个棒点值。

慧俪轻体的会员每周都要参加例会，还会得到在线论坛的建议和支持。简单说来，如果慧俪轻体的使命是让减肥者提升对饮食的认识，珍妮·克雷格的冷冻食品生产线就等于做了许多落实工作。

当初雇我时，珍妮·克雷格是个大公司，在加拿大、美国、法国、波多黎各、澳大利亚和新西兰拥有将近700家健身中心。从2002年开始，一位创始人离开后，公司经历了常见的企业动荡，换了第三位老板。珍妮·克雷格的全球业务几乎可以自动运行，这是利弊参半的事。它拥有组织化的管理结构。但是，它成功的特点与秘籍都不见了。由于要价不菲，会员实际退出率很高。我真的能想出一个创意，让减肥者提升对珍妮·克雷格的依赖，把它推荐给朋友，甚至扮演品牌大使的角色吗？

我在南加州等地进行了将近两个月的“潜台词研究”。随后，我形成了对珍妮·克雷格普通会员的基本认识。我们就叫她卡罗琳吧。（珍妮·克雷格也有针对男性、青少年、老年人和糖尿病患者的个性化项目。不过，大部分客户都是女性。）卡罗琳是一位30~45岁的已婚女性，有自己的孩子。她喜欢看电视娱乐节目，做家务时喜欢开着电视。她还有明显的迷信特质。她不看报纸上的占星图，这一天就过不去。她比普通女性逛易贝网的频率高，比大多数女性买彩票和刮刮乐的次数多。

怎么解释卡罗琳的仪式化行为？（在我看来，那就是迷信。）从本质上讲，答案其实很简单。我们赌博时，大脑会释放多巴胺——当我们接触食物、酒精和性爱时，能够产生快感的一种神经传递素。对我来说，看占星图的目的，似乎主要是想控制一个混乱的世界，反过来又能控制自我。这是许多减肥者生活中遇到的话题。但是，对于珍妮·克雷格会员来说，又能期待什么快感呢？并没有这样的快感。珍妮·克雷格和慧俪轻体都向客户承诺过，如果他们坚持跟着项目走，每周能瘦一两磅。但从这种情况看，瘦一磅似乎还不够。

问题是，像卡罗琳这样的珍妮·克雷格会员，能得到什么补偿呢？当她们查看每日占星图、购买彩票、在易贝网上买衣服和电器时，她们能获得什么？不能获得什么？

当我采访一位52岁的家庭主妇时，找到了解决问题的新方法。她的名字叫简，住在加州卡尔斯巴德郊区。她26岁的女儿住在近郊。当时，我走进了她铺着地毯的家里。我问起照片上穿军装的年轻人，简告诉我，她儿子死在了一场海外战争中。她双眼充满泪水，手指抓紧手腕上的幸运手链。我轻轻地问她，儿子的去世跟手链有没有关系。事实证明，是有关系的。一看到手链上的飞机装饰，她就会情不自禁地想起儿子——他是一名酷爱飞机的空军机师，从很小的时候就开始飞行。我问道，要是手链丢了怎么办，简摇了摇头。她连想都不愿意想。

为什么女性——甚至包括男性——会戴首饰？几年前，我还没为珍妮·克雷格工作时，曾代表丹麦首饰品牌卓璧思，向全世界顾客问过这个问题。我得到的回复包括："首饰会提升我的外在——把我变漂亮。""人们会注意到你，你也想获得关注，尤其是当了妈妈后。""首饰是非常重要的时尚配件。我戴上项链、手链时，整个精神状态和生活态度都变了。""首饰不受时间影响——永远都不会过时。""首饰会很自然地吸引别人的注意。"最重要的一点，当两个女人试图创建情感联系时，首饰似乎是个关键话题。

虽然卓璧思这个名字不那么押韵，但它是个非常成功的珠宝首饰公司，在荷兰、意大利、瑞士和中国等35个国家都有分店。卓璧思手工打造出不同尺寸的手链、戒指和项链，材料包括穆拉诺玻璃、淡水珍珠、宝石、皮革、玻璃和施华洛世奇水晶。可是，当我开始为这家公司做咨询服务时，还没想到卓璧思的核心顾客会那么狂热。大多数顾客是中年人，能力很强，稍微有些强硬。他们都不十分相信别人。有几个人表示，有人到家里问问题，他们会感觉不自在。许多人告诉我，他们小时候、上高中、上大学时，总觉得被人排挤。表面上，他们可能一直工作努力，小有所成。但从内心上讲，他们喜欢怀疑，容易冲动，内心脆弱，擅长隐藏高强度的压力。卓璧思似乎给许多人一个机会，让他们展现了一个有创意、有趣味、有血有肉的自我。在其他社交情景中，他们从没自然地展现过那个自我。卓璧思还让他们与全球其他粉丝一起，获得了强烈的归属感。

我意识到，卓璧思远不只金、银或玻璃那么简单，卓璧思充满趣味，卓璧思充满人性，卓璧思反复无常，卓璧思几乎像人一样。一位荷兰的卓璧思粉丝告诉我，她每周要花 8~10 个小时的时间，跟远在南非和亚洲的其他粉丝开国际电话会议。另一位女性把对卓璧思的热情追捧，比作是她自己家庭的成长。“我小时候，和家人之间就用一种密语交流——眼神、手势、面部表情，”她说，“我现在和孩子、丈夫也形成了一种密语，跟卓璧思的其他粉丝也是这样交流。”而且，卓璧思每种颜色的珠子代表的意义，都“只有我和另一个人懂得”。最重要的一点是：女士们搜集的每一件卓璧思，都是一种荣誉，一种记忆，代表了她们生命中珍视的瞬间或事件。

还是那个问题：这种特殊迷恋的背后是什么？它是怎么开始的？为什么？我接触的大多数女性都当了妈妈。我很快意识到，当十几岁的孩子开始关上卧室门，不让妈妈干预自己的生活时，妈妈们也就开始沉迷于卓璧思了。我接触的许多女性认为，这一刻像死亡一样震惊。毕竟，在过去的 15 年中，她们都在努力满足孩子的需求和愿望。她们扮演着厨师、司机和知己的角色。在许多情况下，当了妈妈后，她们大多数人有生以来第一次发现了自己的重要性，认识了自己的影响力。可现在，在毫无征兆的情况下，她们被赶出了孩子的生活——至少，暂时在心理上是这样。

我一直关注的真空现象或失衡现象呢？对许多女性来说，没人再需要依赖她们，没人再需要她们帮忙。她们看不到自己的重要性，感觉被人抛弃，被社会隔离。对这些女性来说，这太难受了。

在营销界，“切入点”（entry point）是指身份认知受到挑战，或身份转变的时刻——包括结婚、怀孕、买房子、第一次当父母、儿女长大离家。在这期间，顾客们尤其容易受到新观点和新品牌的影响；对卓璧思的顾客来说，当他们十几岁的孩子关上卧室门时，那个

“切入点”就出现了。当加州卡尔斯巴德市的简——珍妮·克雷格减肥会员——谈起过世的儿子，抚摸她手链上的飞机装饰时，我不由得想起了在卓璧思的经历。跟珍妮·克雷格会员一样，卓璧思粉丝也依赖于每天的占星图。许多人还会敲敲木头，祈求好运。每当卓璧思顾客买一个新珠子，它就带上了情感内涵和一定的分量。例如，一位女士向我展示了一件卓璧思，她说，那是去世的祖母送给她的礼物。另一位女士拿出一个穆拉诺玻璃珠，说是为了纪念女儿中学毕业买的。

于是，卓璧思就有了许多象征意义。通过卓璧思，女性们告诉这个世界，无论年龄与外表怎样，她们都是充满趣味和创意的。戴上卓璧思项链，是展现个人喜好的一种方式，而且还在社会可接受范围内。关于这一点，最典型的例子就是我采访一位德国女性时，她举起了自己的“海洋之珠”。她一生钟爱大海和滨海的风景。她告诉我，几年前，她曾和父亲、丈夫和孩子一起去过海滩。“那是我这辈子见过最美的海滩。我现在还能想起，我爸爸拉住我孩子的手在捡贝壳和海玻璃[①]。”她把卓璧思项链递给我。“那天的每一种颜色——碧海蓝天——都在这串珠子里。”

---

① 海玻璃，指的是在海水中或海滩上经过长时间的海水海沙打磨后失去棱角，变得如同鹅卵石般圆滑的人工废弃玻璃。——译者注

简单说来，卓璧思跟许多领先品牌一样，对理性和感性都能产生深远影响。有趣的是，英国电影导演阿尔弗雷德·希区柯克恰恰是受到了这种双重性的影响。在许多人的印象里，希区柯克是个讲故事的高手。但是，几乎没人知道，这位导演拍电影时，使用的是两个不同的剧本。第一个叫“蓝色剧本”，完全是功能性的。里面全是屏幕上要呈现的要素，包括对话、道具、摄影视角和场景描述。第二个剧本，希区柯克称为“绿色剧本”，里面描述了电影的内容细节、情感主线或“故事节奏”。希区柯克依赖于这两个剧本。但是，绿色剧本会提醒他，要让观众产生怎样的感受，或者观众在看《深闺疑云》《辣手摧花》或《西北偏北》时，在哪一刻应该有情绪反应。

一些国际大品牌在无意间就用了蓝绿剧本策略。迪士尼董事长及CEO罗伯特·艾格和苹果公司CEO史蒂夫·乔布斯曾经一起讨论过零售问题。乔布斯告诉艾格，零售商应该时常自问：如果店面能说话，它会对进店的顾客说些什么？迪士尼商店会有功能布局，但从情感角度看，迪士尼的“绿色剧本”是想为孩子制造最快乐的30分钟。走进一家苹果店，里面只是简单的木质结构，稀松地摆放着珠宝似的产品，好像是为了让人想起现代艺术博物馆，而特意做的布置。全食超市对顾客“说”了什么？你走进一家全食店，无论摆在面前的是鲜花、放在刨冰上的产品（许多产品不需要放进冰箱），还是描述产品来源的手写标志，都是想表达新鲜、洁净和本地特色。同时，它还默默地赞赏顾客的眼力，甚至是教育水平。我在洛斯食品时，受此启发也想到了一个策略。我们邀请当地农民谈论新鲜的产品，让厨师给顾客提供最新食谱，打造了一个感性的故事。

我在卓璧思的工作，为我提供了一部分解决方案，用来加强珍妮·克雷格会员的品牌忠诚度。我在迪拜、阿曼、贝鲁特和巴林的工作，给了我另一部分灵感。由此，我确认了珠饰（业内称为“把玩珠”）的重要性。当时，我的雇主是中东最大的连锁影院VOX。我的工作是对电影院进行重新设计。

中东人跟印度人一样，经常去看电影，通常频率是每周三四次。一般情况下，一家四五个人会全部出动。坐下来看电影前，他们会点上一大堆垃圾食品——在世界各地的影院里，都能找到一样的零食，包括热狗、汉堡、炸薯条。在中东，还有五种不同风味的爆米花。（观众按照不同的价格，可以购买三种不同档次的座位。）其实，去中东电影院很像坐飞机。在我看来，当地观众去电影院，不只是看新上映的电影，还想暂时逃避现实生活和真实身份。气候因素也不能被低估。电影院与购物商城一样，能让人从 38℃的高温中获得些许缓解。

西方人如果不出国，就意识不到，美国电影、美国演员和好莱坞影像对海外影院和海外市场占据着主导地位。为了打造一个优雅迷人的影院，为观众营造“梦幻”之旅，我告诉管理层，有必要装上厚重的天鹅绒拦绳和深红色窗帘。我从潜台词研究中发现，中东观众喜欢特别的感觉，因为他们大多居住在石油丰富的国家，经常会面对许多一掷千金的富人。经常看电影的观众有印度人、巴基斯坦人和菲律宾人。他们是该区域的移民劳动力。跟富人的生活相比，长时间的工作简直是天壤之别。

我全身心地投入影院的设计中——该用多粗的天鹅绒拦绳？应该用紫红色，还是深红色？演员肖恩 · 康纳利、加里 · 格兰特或贝蒂 · 戴维斯的轮廓应该落在这里，还是那里？——过了一段时间，我才意识到，70%的观众手里都握着一串珠子。每串大约 10~15 颗珠子不等。每家人进出电影院时，男男女女都会拨弄手里的珠子。这个小动作频率很高。但是，当观众走进剧院，购买食品饮料时，他们的速度就会更快。

这些珠子有什么意义？通过珠子表现出的区域性焦虑，是不是代表了整个区域的神经系统，还是有别的意义？在接下来的两周，我仔细观察了中东观众买零食、苏打水和其他垃圾食品的样子。拨弄珠子的动作与爆米花、热狗、汉堡、糖果的消费之间，似乎有一种直接的关联。食物的热量越高，营养成分越差，他们拨弄珠子的频率也就越高。当观众买了健康食品、喝水、吃水果时，手指也不会停下来，只会放慢速度。至少在中东地区，珠子似乎成为一个放置自我谴责的存储库。在卓璧思的例子中，它不是一种记忆的印证，而是一种低声谴责的象征。

站在珍妮·克雷格的立场上，如果把这两个创意结合起来，又会怎么样呢？

在做品牌设计的几年中，我意识到，男性和女性都有两个年龄：实际年龄和心理年龄。（我在后面的一章中，会详细介绍这个话题。）男性通常会掩盖年轻的自我，或把那个自我隐藏在虚拟网络中。相比之下，女性就会大方地展现年轻的自我，并通过首饰、毛绒玩具和收藏物品表现出来。与男性相比，女性拥有更多机会，通过身体展现更多东西。在这方面，社会对女性的宽容度也更高。女性最后一寸未展示的地方就是脚底了。也因为这个原因，我一直着迷于克里斯提·鲁布托高跟的标志性红鞋底。它不仅展现女性的性感、傲慢、叛逆、经济地位（或以上全部），还像是给了鲁布托的其他粉丝一个吻，或朝她们眨了眨眼。

如果我的任务是为珍妮·克雷格留住顾客，让他们成为品牌的非官方代言人，那么换一句标语、免费赠送健身追踪器是不够的。我了解到，美国人步行的频率少于世界其他工业国家的人。一位美国人每天平均走 5117 步，澳大利亚人走 9695 步，日本人走 7168 步，瑞士人走 9650 步。[10] 在一个高度依赖汽车的国家，光是鼓励步行是不够的。我要推出一些看得见、摸得着的东西。我的解决方案就是推出珍妮·克雷格珠饰。

卓璧思在全球的粉丝社区教给我重要的一课：珠饰让许多女性找到了刚刚失去的自我，并获得一种家族归属感、社区归属感。作为一家公司，珍妮·克雷格变得尾大不掉，面临失去社区归属感的危险——社区归属感，就是它的“绿色剧本”。

具体的想法是这样的：如果珍妮·克雷格的特训咨询顾问给减

肥者发一个免费的幸运手链，结果会怎样？手链不用价值很高，也不能粗制滥造。幸运手链的每一个珠子，都代表着经历、成功、希望，甚至是偶尔的挫折。通过小数据挖掘研究，我发现，对于珍妮·克雷格的许多会员来说，如果体重涨了一两磅，他们往往不愿意告诉公司顾问。基于这一点，我发明了一种“免罪珠”。如果珍妮·克雷格的会员体重增加，顾问就会给她一个“免罪珠”，好像在说“小错发生，平安无事”。那个珠子就是对减肥计划的标记、承诺和投入。而且，它能让减肥者哭出来。

耶鲁大学的一位减肥专家告诉我，她曾经的目标之一就是让人大哭起来。这不完全是坏事。人们哭的时候，脑海中会产生一个“标记”——那是他们难忘的时刻或经历。她指出，改变就得经过泪水。只要手机和平板电脑永远存在，“改变”的概念就会逐渐消失——这种改变是指，在一种完全不同的情感状态中寻找自我。人们想减肥时，最关键的就是改变。所以说，当专家让客户哭起来时，就更有可能顺利执行膳食计划。会员们减肥受挫或进入“安全带期”时，就会哭起来。（许多潜在会员参加减肥计划，正是他们扣不上汽车安全带、感受消极情绪的那一天。）

我在前面写到过，我在为洛斯食品做咨询时，我引入了把有价值物品交给顾客的亚洲传统。来到珍妮·克雷格后，我又用了一次这个方法。根据公司规定，顾问给会员幸运手链，必须双手递出。而且，双手递东西也传达了一种意思，这份礼物背后是一颗真诚的心。它代表了人与人之间的契约或交流。我只是希望为珍妮·克雷格创建最强大的心理关联与情感关联。每个珠子代表的不只是得失成败，还有各种回忆。

在接下来的几个月，经过在美国范围内的试点实验和后续的小规模展示，珍妮·克雷格的顾客保留率有了明显增长。通过宣传幸运手链概念，珍妮·克雷格的退会率差不多降了一半。正如一位美国高管告诉我的那样，“这相当于把最初报名的人数翻了一番。”推出珠饰项目仅仅 3 年后，珍妮·克雷格就紧紧跟上了慧俪轻体的市场份额[11]，与行业新秀营养系统（Nutri System）、区域减肥（the Zone）等不相上下。有一个由医生和政府官员组成的独立组织，还将珍妮·克雷格推选为美国排名第一的减肥计划。取得这样的成就，没有别的秘诀，就是因为公司“王冠上的珠宝”——或者，我应该说是“手腕上的珠宝”。

Small Data

The tiny clues that uncover huge trends

| 第五章 |

被赛马、衬衫领、宗教信仰拯救的巴西啤酒品牌

我曾在哥伦比亚麦德林当地的一家电信公司工作。麦德林市最贫穷的社区之一——特莱斯社区（Comuna Trece）。我听说，它拥有全球最大的自动扶梯，有12层楼那么高。扶梯于2011年向公众开放，首次将麦德林郊区与市区连在一起。我去过很多地方，但我没时间逛旅游景点——我的想法来自观察人，不是观察名胜古迹——但是，麦德林的电梯好像很有吸引力，电信公司的高管也同意跟我一起参观。

20分钟后，我们坐上一辆出租车，往特莱斯社区走。突然，司机不打招呼就把车停在了一边。他担心自己的安全，改主意了——特莱斯社区是偷摸拐骗的高发地区，黑帮势力横行。我和那位高管又拦下一辆车，那位司机也不愿意带我们去。我们来回打了五六辆车，才到达目的地。

麦德林这部电梯现代时尚，完美无瑕。弯弯曲曲的红顶下，是357层楼梯、楼层和平台。电梯把棚户区一分为二。楼梯下面，一队身穿红色衬衫的居民走来走去。他们一边回答问题，一边确保没人会偷走“消失”在地底下的“神奇”电梯。我和那位高管在那儿待了半个小时，才登上一辆回麦德林市区的出租车。后来，那位女高管告诉我，她打算在这一片买栋房子，她的同事听了都很好奇。

几年来，人们都在问我，到访陌生国度时，我会不会感到恐惧。我总是回答：只有我停下来工作的那天，才会感到恐惧。当你屈服于恐惧、担忧或紧张情绪时，感官上就会“装上”过滤器，看不清眼前的事情。可是，为什么我不跟着那五六个司机呢？他们经验丰富，肯定比我更了解城市社区。我的回答是，通常情况下，一个城市或一个国家也会产生一种影响居民的“恐惧光环”——它通常源于几年前发生的大事。在20世纪80年代，麦德林是毒品和暴力的聚集地。几年前，我准备访问尼日利亚时，也有非常类似的经历。人们警告我，要小心随时可能出现的恐怖威胁、电力中断、普遍腐败，以及更多其他问题。以上这些，我都没遇到过。其实，尼日利亚还是我最喜欢的地方之一。

这不是说，几年来，我就没有一两次死里逃生的经历。有一次，我在委内瑞拉差点被绑架。我刚在加拉加斯做完一次主题发言，叫的出租车刚停在机场前，就有两个人过来叫我的名字。其中一个告诉我，他们是为了确保我及时赶上飞机。我根本不相信他们，还隐隐觉得有什么不对。我脑子一转，告诉他们我改了航班。显然，他们对最后一刻的反转感到很意外。我快速上个厕所，他们会不会介意给我看箱子？

要是根本不打算回来，谁会把自己的包丢给陌生人呢？我抓起小一点的电脑包，告诉那两个人，里面装着我的牙刷——我走向男卫生间，进去前还回头看了看。两人看起来焦虑烦躁。这时，我确信有些不对头。几秒钟后，我从后门出了卫生间。他们看不见我，就伸长脖子，神情恐慌。接下来的15分钟内，我尽全力不让他们发现。我偷偷穿过一系列等候区，在广告亭后蹲下来。在某一刻，我还瞟了眼一辆开走的黑色小汽车。我再也没见过那两个人。其实，我也再没找回我的手提箱。

第一次去巴西的人，都会感到害怕。大多数网站和旅行指南上都会给出同样的警告：去沙滩时，什么也不要带。不要戴任何珠宝或名贵手表。把手机和钱包放进酒店，最好锁进保险箱里。一个朋友告诉我，他跟朋友说准备第一次巴西之旅时，两位朋友说，巴西的器官买卖行业很出名——也许是玩笑话，也许是说真的。他在网上看过许多新闻，都是讲游客突然被迷昏过去，醒来发现肾没了。这跟有关巴西的许多故事一样，也是传闻。

不过，我发现，恐惧光环还是影响了我的几位巴西同事。有一次，我代表巴西麒麟啤酒去北部的萨尔瓦多市采访。接待我的主人不仅给我介绍了一位翻译，还找了一位身高 2 米、体重 200 多斤的保镖兼司机。而且，在萨尔瓦多的某些地区，连保镖也不愿意进贫民窟。有一天下起了大雨，我们把车停在一所拥挤的巴西小学前。我发现，我的助理甚至在瑟瑟发抖。我提议说，我们两个人可以下去走几步。这样一来，他也可以告诉我，他理解的社区“恐惧标志”是什么样的。我们就那么做了。任何一扇窗户上都没有窗闩；每一扇门上都没有挂锁。居民们坐在外面，微笑，聊天儿，给自己扇风。助理最后承认了对社区的恐惧，但他也没发现明显的迹象。从那一刻开始，我到哪儿，他都跟我一起去。

麒麟是一家日资饮料集团，主要经营啤酒和软饮料。分公司巴西麒麟经营了许多当地品牌，其中还包括热带啤酒德瓦撒。德瓦撒的意思是“玩乐者”或“淘气鬼”。这款啤酒由当地人创建于2001年的莱布隆——里约热内卢最富裕、最迷人、最具世界性的社区。德瓦撒的标志一直是一位女性——她一身白色，衣着性感，双臂抱在颈后，双腿跪在地下。

问题是什么呢？德瓦撒后来失去了个性。曾经的优质啤酒变得与其他品牌没什么区别，沦落成一个超市品牌。我的任务是，恢复德瓦撒高档产品的地位。我要打造一个“时尚”品牌——这款啤酒价格更高，能让消费者联想到的生活方式令人满意，甚至难以捉摸。在巴西这样的国家，阶层划分严格，人们非常注重外表，这是一个需要详细解答的复杂问题。

我去过的所有国家中，巴西是形象外表与日常生活差别最大的。据说，巴西拥有全世界最漂亮的女性、最帅气的男性、最迷人的音乐、最柔美的舞者和最灯红酒绿的夜生活。不过，除了里约热内卢部分地区，我在接下来的两个月里，又在巴西找到了几分舒适与魅力。巴西是一个热情好客的国度。不幸的是，它却存在政府严重腐败，基础设施建设不堪重负，教育体系缺乏经费，贫富差异明显等问题。同时，与高度发达、办事有效的北欧国家相比，巴西显得原生态、感性和坦率。一位知名音乐家在里约长大，后来搬到了洛杉矶。他为我总结了在美国和巴西的生活经历。“美国是个适合生活的好地方，”他说，“但我每次去那儿，感觉都很差。”他中断了一下。“巴西是个不适合生活的地方，但我每次去那儿，感觉都很好。”

巴西大约有2亿人口——5个区、26个州内遍布着不同的民族、文化和种族。在巴西的部分地区，当地居民第一次接受印刷媒体。在其他地区，人们刚买了第一台电视机。而在里约和圣保罗这样的城市，年青一代跟世界其他地区的同辈人一样复杂，一样赶时髦。还有一点与我在巴西麒麟的工作更相关。巴西政府根据家庭月收入，把人们划分了五个阶层，分别是A级（富裕）、B级（比较富裕）、C级（中等）、D级（下层中产阶级）和E级（贫穷和文盲的代名词）。

巴西人一出生就要被划为一个阶层。而且，不出意外的话，在可预见的未来中，政府会让他们一直归属那个阶层。一旦巴西人被贴上了C或D的标签，想要改善经济前途或社会地位几乎是不可能的。C或D的标签还表明了一个人的受教育水平。比如说，A级和B级的成员通常接受过高等教育，而D级成员通常没完成高中教育，E级成员根本没上过学。一个巴西人的经济阶层如何，决定了他的孩子去哪儿上学，最后会做什么工作。A级通常是商人、银行家和高级技能人员，C级包括教师、护士和手艺人等为A级和B级服务的人。更通俗的观点认为，巴西人的阶层归属还决定了他的餐饮，他经常去哪种商店、酒吧和饭店。简单说，巴西的每个社会阶层都会“获得”一套品位和喜好——包括衣着、音乐、食品等。这都是约定俗成的。

“告诉受访者，他住的地方没有社会阶层区分，这是社会学家的经验之谈。”1965年，伦纳德·雷斯曼在《美国社会阶级》一书中写道：“研究者记下的第一个评论，都是‘我们城市里没有阶层划分’……一旦有人说出阶层划分的事实，他们也会记录下来。不过，阶层的划分似乎也被记录成优秀社会成员一致通过的结果。”[1]巴西也逃不过人类学的这个真相。大多数巴西人会否认他们发现的阶层差异。但是，几杯啤酒下肚，大多数人都会告诉你，他们可以根据牙齿、着装和鞋子，看出其他巴西人的社会阶层——尤其对女性来说，看头发和面部特征，就能看出她们的社会阶层。

一般的巴西女性个头不高，体重偏重，皮肤偏暗，头发卷卷的，完全没受巴西湿气的影响。她要么有非洲血统，要么没有非洲血统，因为除了尼日利亚外，巴西是拥有最多非洲后裔的国家（在奴隶贸易时期，巴西是将近500万非洲奴役的目的地）[2]。巴西女性的头发越直，她的社会阶层就越高。所以，在巴西，直发女生的人气很高。（宝洁公司有位高管告诉我，在南美地区，女孩们通常会花费15分钟烫直头发。）巴西、哥伦比亚、委内瑞拉一起超越美国，成为全球整形外科流行的国家，也是出于这个原因。2014年，据《卫报》报道："巴西拥有全球不到3%的人口，却做了全球12.9%的整容手术（2013年）。其中包括515776台胸部整形手术，380155台面部整容，129601台整腹术，13683台阴道重建术，219台阴茎增长术和63925台隆臀术。"[3]通常情况下，巴西人不会对现在盛行的整形手术感到不安。整形手术的流行，向世界表明了他们对外形的在乎。

我很快意识到，巴西的社会等级有多错综复杂。巴西的民族认同感围绕三样东西：足球、啤酒和海滩。在许多国家，足球都是风靡的体育活动，比如英格兰。但是，在某一刻，大多数英国男孩放弃了成为世界顶级运动员的儿时梦想。我问一些巴西少年，他们未来的梦想是什么。十有八九会告诉我，他们想成为足球运动员。对他们而言，巴西最伟大的球星——贝利、加林查、小罗、卡卡、济科、苏格拉底等——都长久活跃在足坛。但是，在一个像巴西这么大的国家，在体育界取得突出成就的可能性很小。所以，在某一时刻，现实通常是日常生活的残酷与艰苦。

其中一个影响因素是巴西不堪重负的教育体系。由于学龄儿童过多，在基础教育阶段，一半的学龄儿童上午上学，剩下的一半下午上学。除了经济地位高的人，其他巴西人是很难继续接受教育的——因为人们没法参加课后项目或辅导俱乐部。而在美国，许多父母担心孩子上不了好大学，就为孩子规划课程，请SAT（学术能力评估测试）指导老师，报名参加音乐、空手道、舞蹈课和音乐课。在美国的中产阶级家庭，孩子的时间几乎无时无刻不是在计划中的。而对许多巴西孩子来说，生活本身就是即兴创作。

同样，相比美国或英格兰，巴西人很少有人想过回归校园，攻读更高的学位，也没人想通过找个好工作实现“跳级”。在巴西，想改变阶层，只能通过改变消费、外表和商品等因素。这对没有存钱计划的穷人来说，会产生不利的影响。即使巴西穷人在花钱时，也带有自己的地位特征。2015 年，《纽约时报》一则关于巴西的专栏中表示：“许多家庭买了平板电视，却没连接公共下水道。许多人说，这 4000 万人的生活水平提高后，没有成为新的中产阶层，只是‘有钱的穷人’。”[4] 世界范围内，只有在巴西，整个生产分类的存在，才是为了让顾客融入上一个阶层。

德瓦撒的目标顾客是所有阶层。但很显然，这个品牌更青睐的人群是 B 级。为了庆祝品牌起源，我还想让德瓦撒在里约重新上市。这个滨海城市的潮流风尚，通常会在整个巴西扎根。但是，巴西人应该追求什么呢？这是个常见的问题。也正是因为这个原因，这几年来我才从中国香港到意大利……再回到巴西。

在研究巴西人的追求前，我们先问问自己，在五六种啤酒或五六种饮用水中，能不能发现口味差别。在全球范围内，瓶装水的品牌成千上万——洛杉矶有一家饭店，甚至还有专门的荐水师[5]——可是，如果我蒙上你的双眼，你真的能区分两种瓶装水的口味，并真实地表达出来吗？在大多数超市和酒类商店的货架上，同样堆满了啤酒品牌。但事实上，当人们说尝出了喜力啤酒、摩森啤酒或科罗娜啤酒的口味时，他们有99%的概率说的完全是另一个品牌。所以，我们偏爱某个啤酒品牌的背后，到底隐藏着什么信息？

在巴西，啤酒与大多数饮品相比，是与情感最不可分割的一部分。巴西人只要跟亲友相聚，啤酒几乎都会成为主角。讽刺的是，在全世界范围内，包括巴西在内的大多数消费者都不喜欢啤酒的味道。许多人告诉我，他们第一次喝啤酒时，通常都是在小时候。啤酒作为一种代表成年人的符号，已经超越了他们对啤酒的厌恶。这样看来，啤酒就跟咖啡一样。我们大多数人喜欢咖啡豆和现煮咖啡的味道——但是，有人真会喜欢咖啡的实际味道吗？对于这两种饮料，我们的记忆似乎都是第一次品尝的时刻。我们把它看成自己从孩子到成年的一种标志。这一刻的记忆会伴随我们一生，甚至盖过了啤酒和咖啡的实际味道。即便不好喝，记忆也会让我们假装很好喝。

我在巴西的任务就是帮德瓦撒实现转型。于是，我开始晚上泡酒吧，参与不同的当地活动，观察人们喝啤酒的样子。几天后，我弄清了情况。巴西人喝啤酒时，会通过桌上摆放酒瓶的方式，小心地传递出阶层信息。如果他们喝的是好酒，摆放酒瓶时，就会让屋里其他人看清商标。要是啤酒没那么贵，商标一般会朝里放。据我所知，对于许多巴西人来说，喝啤酒的一个核心目的，就是购买足够多的“好”啤酒——比如说喜力啤酒。有一位 22 岁的巴西人甚至告诉我：“为了在酒吧买一桶喜力啤酒，我和朋友还会专门攒钱。至少在坐公交车回家前，还能体会皇帝的待遇。”

我注意到的另一个现象，是巴西人对气温的关注。在酒吧或街头商店，每一台冰箱上都会显示当前的箱内温度。大多数冰箱的温度都极低——零下 4℃是很常见的——这意味着，冰箱里的啤酒几乎是冷冻的。在包括美国在内的世界许多地方，人们都喜欢喝凉啤酒。而巴西人更是这样，尤其喜欢冰凉的啤酒。低温通常能消除啤酒的后味。这表明，巴西人和美国人都不喜欢太苦的味道。

当然，啤酒还起着无可比拟的纽带作用。几乎只有在社交环境下，在一大堆朋友周围，人们才会喝啤酒。啤酒和其他酒一样，起到转换局面、缩小情感距离的作用。但是，怎么处理阶层差异呢？

根据我的潜台词研究，如果一个巴西女性想“跳级”，第一步要做的通常是上网学习，从情感和物质两方面研究自己的阶层。根据这个研究结果，她可能开始采取不同的谈话方式。她可能打算拉直头发，听最时髦的音乐，甚至说服自己接受上等人喜欢的最新风格或方式。我发现，许多巴西女性浏览网页时，就像在参观梦想博物馆，沉醉于A级或B级人的生活方式和常用品牌。反过来，这些品牌也会成为他们通向下一个社会阶层的通行证。

我在此前的文中说过，我们对世界的看法通常是狭隘的，只是围绕我们自身、我们的社区、我们的传统和信仰。但是，是谁影响了我们买某件商品，帮我们形成某种观点，让我们爱上某个品牌——无论是面霜、手表，还是音乐派别、酒类标签？这不是我们经常思考的事情。可是，当我在线上线下提起这个问题时，人们的答案都是名人。

追溯名人概念的来源，是个很有意思的过程。20世纪60年代，乔治·阿玛尼首先想到给名人发放免费服装，把服装与名人的愿望、魅力融合起来。再往前推10年，在20世纪50年代，“真正的”名人只有十几位。但是，到了20世纪90年代，这个名单有成百上千人，其中包括CEO、厨师、理发师、采访人和聚会策划师。到了今天，名单上又添加了真人秀明星、YouTube名人等一些子类。2015年，名人品牌战略家吉坦德·塞德夫针对13~18岁的1500位被试者进行了一项研究。研究发现，“在针对最影响青少年消费的一系列特点打分中”，YouTube明星“得分远远高于传统名人，比主流明星更活跃，更特别，更深入人心”。[6]

除了名人，还有谁会影响我们的日常生活？要知道，每一种文化都有默认的话题。这种默认的主题内容包括天气、体育、食物等。通常情况下，两个人第一次见面会说什么？在美国、法国、俄罗斯、黑山共和国，服务员一开口会说什么？世界各地的出租车司机怎么问候乘客，载客过程中会谈论什么话题？两个邻居在大厅或人行道碰面，两个妈妈在公园相遇时，都会说什么？

我拜访完世界各地的人家后发现，我们习惯“读取”的对话脚本几乎没有变化。我所在的国家不同，脚本也会呈现不同的当地特色。不过，大体上也没什么差别，无非就是两个人问好，聊聊天气，互相请客吃饭，互相夸赞对方的衣着。但是，我们什么时候会偏离这个脚本，偏离的原因又是什么？经过为时一个月的非正式试验后，我发现，答案来自我们身边。

有一次，我为雀巢的速溶咖啡部门做咨询工作。我和高管团队意识到，许多现代厨房已经开始推崇时尚极简主义。雀巢标志性的咖啡玻璃罐，已经找不到存放空间了。也就是说，雀巢作为一个对话主题，也消失了——反过来导致了雀巢公司的收入下滑。我的任务是让雀巢咖啡罐回归厨房，回到人们的对话中。我套用了在巴西用过的策略。我在人们的厨房或起居室里放了一些小装饰，通常是咖啡杯、玻璃罐、黄色茶壶，看看能不能影响对话。于是，这些物件或品牌有超过 3/4 的概率成为对话主题，每次谈论时间为 7 分钟。在屋里摆放装饰后，我似乎改变了对话的方向，"改变了对话脚本"。

这一认识对德瓦撒的品牌重塑起着重要作用。消费者对一个品牌的看法是可以控制的，有时候还能成为商品宣传词。这对一个品牌来说，是非常关键的。想象一下，代表一个品牌内涵、灵魂和本质的 10 个字，不再被平面广告或电视广告控制，而是由消费者来控制。随着直发和整容手术在巴西的流行，巴西成为最受"影响者"和"愿望"影响的国家。我先把这个观察结果收起来备用。

我们有些人会使用有色边框眼镜、色彩大胆的项链和耳环、装饰夸张的手包，甚至是橡胶手环，这些也能用“改变对话”的欲望来解释吗？这些小装饰不仅能吸引注意力，还能成为讨论的话题。通常情况下，我们戴的蜥蜴徽章、黑色橡胶手环背后，都有一个故事。而故事的主人公，就是我们自己。当我们成为明星、焦点、讲述者或关注主体时，大脑会释放多巴胺。所有名人都会告诉你，名望和关注很具有吸引力。大多数社媒用户会时不时地晒新闻、食物和美景照片，来收获一堆赞美（“哇哦”“太棒啦”“大爱”），也是这个原因。在脸书、Instagram和推特上，我们都成了自己圈内的名人。

直到几年前，每当我发言时，都会问观众，有没有人戴了黄色的LiveStrong手环[①]。（多年来，我看到许多商人穿着阿玛尼套装，戴着昂贵的瑞士名表，还戴着LiveStrong手环。我补充一句，手环是在中国制造的。）总会有20多位观众举手。我问，你们为什么戴它？大多数人告诉我，他们戴LiveStrong手环，是为了表明对抗癌的支持。现在，兰斯·阿姆斯特朗兴奋剂风波后，几乎没人愿意戴

① LiveStrong手环，由曾经的环法冠军阿姆斯特朗发起，寓意是让人们坚强勇敢地生活，打败癌症给全球人带来的痛苦。——译者注

LiveStrong手环了。我问观众为什么不戴了——是不是因为他们不再相信抗癌斗争了？——大多数人承认，他们一开始戴手环，是为了表现自我，引发谈话，甚至是显示优良的道德地位。

在全球范围内，无论高低贵贱，每个社会阶层都有愿望。但是，这些愿望是怎么产生的？我们多大年龄时，第一次意识到自己渴望没得到的东西？更确切点说，大多数巴西人渴望得到什么东西，或什么人？

我在巴西旅行时，脑海中冒出一个词：卡里奥克。

“卡里奥克”是指里约热内卢的当地人。这个词最初是指移民后裔，带有轻微的攻击性。但到了今天，这个词可以指代任何的里约当地人。它代表的一群人特立独行，生活富足，让人梦寐以求。“想成为卡里奥克，就要学会享受沙滩和休闲生活。”一位巴西人告诉我，另一位里约人这样定义“卡里奥克”：“你要会友好地跟每个人打交道。”还有一些关于“卡里奥克”的定义是这样的：无拘无束，顺其自然，不过分为生活担忧。我采访的每一位巴西人都认为，卡里奥克式生活是里约特有的，也是巴西特有的。

但事实并非如此。其实，卡里奥克式的生活方式是世界上许多

“海滨”文化的特点。澳大利亚悉尼海滨地区，也有自己的“卡里奥克”。在南加州、夏威夷北岸和迈阿密南沙滩，也同样如此。这里的沙滩或海岸地区，几乎跟全球各地的滨海地区没什么区别。每一个滨海地区都会强调物质特点，当地人的名望往往跟社会阶层有关。全世界的“卡里奥克”都影响着其他地区的时尚和品牌潮流。我的任务是，试着理解这群人的心理——看看引领潮流的滨海人拥有怎样的思维方式——搜集整理并进行推广。

于是，卡里奥克式情感就成了全世界广泛存在的一系列情绪与愿望，只不过出现了巴西当地人的版本而已。这种情感起源于地中海地区。几年前，我在为中国香港一家全球最古老、最具声望的俱乐部工作时，就已经发现了这些。

长久以来，作为香港最大的社区赞助商之一，香港赛马俱乐部都被视为香港的根本愿望：那是每个人都想加入，却只有极少数人能加入的专属富人圈。然而，尽管俱乐部历史悠久，却面临一个问题——“赛马”的品牌。

自 1884 年创立，赛马就成为俱乐部最显著的标志，也是区别俱乐部与其他竞技比赛供应商的关键资产。问题是，从 2005 年到

2013 年，在全球范围内，有关“马”的谷歌搜索量下降了 28%。在香港，这个数字下降了 42%。更重要的是，在香港地区，从 2005 年开始，有关“赛马”的谷歌搜索下降了 61%。而且，当地与马相关的儿童玩具销量也迅速下滑，无论是玩具马厩、玩具农场，还是小马玩具。

随后，在香港孩子的卧室中，我看到的情况和看不到的情况，都证实了这些数据。他们卧室里没有跟马相关的玩具，即便有几次看见一个，也只是用来装饰的。香港父母的儿时记忆都是《黑骏马》《黑神驹》和好莱坞西部片。他们从小就对马有一种崇敬——20 世纪 30 年代到 60 年代，电影行业最流行的题材就是西部片——但是，这种兴趣却没有传给下一代。在父母读给孩子的书中，甚至大部分童书中，马不再是一个主角或英雄形象。除了个别例外，好莱坞甚至都不制作西部片了。马的未来还有希望吗？

在世界范围内，无论是在跳跃、骑马、猎狐、竞技表演项目中，还是在农场工作中，马都代表着自由、美丽、高贵和力量。为了重建这个“骑马”品牌，接下来的几周里，我去了当地的玩具公司和好莱坞。不幸的是，这次“品牌重建”并没有促成成熟的广告活动，而是形成了与自由、希望和力量契合的另一种观点。

我花了许多天观察香港赛马俱乐部的各项比赛。我发现，这群人关注更多的是他们崇拜的人，不怎么在意其他人。如果站在观众席里，是很难发现那种渴望的。不过，要是站在高处，就容易多了。比如说，你站在阳台上就会发现，人们喜欢围着崇拜的人，或视为榜样的人。这就像我们看到政治家或名人的表现一样。

香港的有钱人喜欢展现自己。几周后，我清晰地发现，人们买什么食品饮料，主要看富人买什么。反过来，他们的朋友也会买相同的食品饮料，最终形成一个完整的愿望链。我混在人群中，不由得发现了与愿望相关的第二个维度：迷信。平均一天时间内，我看到许多香港人敲木头、吐三次唾沫、把筷子放在茶杯旁，以祈求幸运。据我所知，迷信已经渐渐融入当地的设计体系中了。2005 年，修建香港迪士尼大门时，管理层决定，将大门的角度调整 12 度，火车站到大门的通道也要稍稍弯曲，取“紫气东来”之意。[7]

那么，香港富豪们又会崇拜谁，愿望与迷信之间又有什么关系？ 如果你瞄一眼每位香港商人的大衣翻领、穿过香港的一些商场，你都会看到几个字：意大利制造。香港最受欢迎、最著名的餐厅都有一个共同的主题：意大利特色和意大利食物。香港最高档的咖啡厅是意大利咖啡厅，最高端的交易和会议也都发生在意大利餐厅里。我已经不是第一次发现，地中海的生活方式正无意间影响着人类。根据《纽约时报》的报道，在中国内地，你会发现一个名叫克里斯丹妮（Christdien Deny）的意大利主题零售商。它的字体与克里斯汀·迪奥（Christian Dior）有着惊人的相似。还有一个叫弗朗尼·齐拉（Frognie Zila）的服装品牌，它的网站上主要会放威尼斯运河和其他著名意大利地标的照片。[8] 同样，日本最受欢迎的咖啡厅都是法国名字（有些名字在任何语言中都没有意义，包括“莫纳丽莎”（Monna Lisa）、“皮埃尔·爱马·巴黎”（Pierre Herme Paris）和“胃口好了，什么都好”（Quand L'Appetit Va Tout Va）。大约80%的日本女孩向往去巴黎举行婚礼——无疑就刷新了LV在日本的销量。同时，还造成了一种俗称“巴黎综合征”的现代精神状况。[9] 根据BBC（英国广播公司）的报道，“巴黎综合征”大约每年会影响十几位日本游客。他们带着对浪漫的期待，来到法国首都巴黎，最后却气得生病入院。“他们发现，巴黎也有粗鲁人，巴黎市与期待中还有差距，”BBC补充说，“面对这样的经历，有些人显然承受不住，就精神崩溃了。”[10]

这种情况在全世界都很普遍——某个外来文化的价值观，可能正好弥补了另一个国家缺失的元素或情感。巴西国旗的特点是，黄色菱形上嵌着一个蓝色天仪球。但是，在巴西国内，却经常能看见红色背景加白色十字架的瑞士国旗。这个标志经常出现在许多药店、健康组织和医师诊所里。在一个混乱的国家，这么做是为了传递出信赖与整洁。

为什么意大利比法国还夸张，能获得全世界的向往？其中一个简单的答案是汽车行业。意大利的汽车行业涵盖了兰博基尼、玛莎拉蒂、法拉利和布加迪。另一个答案是时尚行业。意大利品牌传递了什么样的线索，能让人如此强烈向往，引得香港商人纷纷追随？——意大利品牌能不能给我提供一个线索，帮助扭转德瓦撒？

几年前，还没为香港赛马俱乐部效力时，我发现了意大利蒂埃内（Tiene）被人向往的根本原因。蒂埃内是威尼斯外的一个小城。我当时正在帮助克里斯蒂亚诺·迪·蒂埃内（Cristiano di Thiene）公司发现核心用户——该公司拥有意大利空军品牌（Aeronautica Militare）的特许权。

意大利空军拥有男性、女性和童装产品线。它的服装上主要由臂章、符号和“幸运”军标组成，并与现实生活联系起来。我和品牌设计团队沟通后发现，与卓璧思粉丝和珍妮·克雷格的顾客一样，意大利空军的核心用户比任何时尚用户都忠实，比任何普通人都迷信。

时尚行业类似于三道高速公路。颜色、裁剪和款式随着季节的变化而变化。但是，臂章、图样和标志这样的大趋势可以持续几十年。2008 年全球经济衰退后，许多消费者不愿意在公开场合穿高端品牌。但是，无论经济是否衰退，粉丝们都会继续带着自豪感，大胆地穿上意大利空军品牌。除了裁剪和颜色上的变化调整外，意大利空军似乎决心走上时尚界的慢车道。

我在意大利南北部都采访过空军品牌的粉丝。在许多地方，我都看见过代表梦想的标志或纪念品——战斗机塑料模型、飞行员制服、一枚军徽。它们或许藏在衣橱里，或许放在床下的盒子里。我问起时，许多人告诉我，他们从小有个梦想，一直都没实现。他们想成为一名飞行员。他们想让自己变强大，掌控全局，按规划做事。意大利空军的徽章和军标，似乎可以补偿他们儿时对自由的向往。（许多粉丝告诉我，他们最大的梦想就是飞行。）

我又想起来，梦想是让消费者成为时尚一族的捷径。我还注意到，人们的自信心水平与臂章、品牌和标志之间，存在着某种必然的直接联系。空军牌和拉夫·劳伦一样，有两种标志形式，一个标志显眼，另一个标志不显眼。没实现儿时梦想的粉丝喜欢不显眼的标志，还在追寻梦想的粉丝喜欢显眼的标志。

其中一个空军牌粉丝曾是一位飞行学员。他 24 岁遇到一场空难，昏迷了将近 3 个月，再也没法实现当专业飞行员的梦想了。他告诉我，他见到自己的第一件空军衬衫，就喜欢上了。我见过另一位 25 岁的小伙子，他喜欢外套和衬衫上有多个臂章和品牌标志。他告诉我，大多数的早晨，他都喜欢去一家咖啡厅。他最自豪的瞬间，就是军人们走进咖啡厅时，会问他是不是参军了。

意大利空军牌似乎不是一种时尚品牌，而更像是一种嗜好。粉丝们似乎怎么也买不够。他们还认为，自己有义务为品牌吸引更多的粉丝——于是，他们会寻找与品牌价值契合的人群。无论衬衫标志是否明显，这种价值观都很明显。详细点说，在空军牌的几个产品线中，有一款立领衬衫，反映了军队内部人士才能理解的空军代码、行话和术语。我后来发现，这个特点远比一眼看上去要重要。

我在商场监控中观察顾客时，偶然发现了品牌的关键线索。一开始，也没发现什么异常情况。后来，我突然注意到，有几位顾客表现奇怪：他们拿起一件空军牌衬衫，把领子立上去，再翻下去。这个细节最多持续一两分钟，很容易漏掉。他们是想看看衬衫怎么样好看吗？如果不是的话，他们是在寻找什么？

那天晚上，我来到空荡荡的商场，重复顾客们白天的动作：把衬衫领立上去，再翻下去。我第一次发现，某些空军牌衣领下面绣着文字标志。我回到楼上，回放了监控录像。这时，我才下定结论，衣领下带有文字的衬衫卖得最好。我还有一个发现，许多顾客买完衬衫后，会直接穿上出门——这一反常举动是我不能理解的。这些顾客大约占全部顾客的15%。我重放了监控录像，才弄明白，与其他顾客相比，这些顾客一走出商场，就把衣领立起来，向全世界展示领下的标志。

一周后，我打算去米兰的夜店见几个空军牌的粉丝。围在一起聊天时，我开始发现，“立领族”和“低领族”之间的区别是：有没有排外性。“立领族”围成了亲密的小团体，而“低领族”则分散在屋里各个角落。我跟他们聊了几句，就马上发现，“立领族”来自意大利南部，而“低领族”则来自意大利北部。

我们每个人都会传达出一些线索，表达我们的群体归属。这些线索可能源自我们戴的手表品牌，我们穿的鞋子，我们穿的多层外套，我们穿不穿袜子，以及有没有露出品牌标志。要是你浴室里看见一块肥皂，那你肯定不在北欧。说到这一点，新西兰人就很少用肥皂，它的文化跟斯堪的纳维亚出奇的相似。除了外表装饰，反映归属的线索也可能是一张印着当地机场热线的车尾贴。例如，在瑞士苏黎世，四位数车牌的主人要比六位数车牌的主人更富裕，人脉更广。在这个世界上最富有的城市之一，不同人群之间就存在这点微妙差别。为了纪念在意大利空军的工作经历，我把这种现象叫作“翻领理论”。提到空军牌衬衫和衣领，我唯一的猜测是，意大利南方人认为，立领更容易吸引女性。

但是，直到第二天，我才发现意大利人行为的一个重要细节。稍后，我还会把它运用到在巴西德瓦撒的工作中。

在博洛尼亚郊外的餐馆吃午饭时，我注意到，服务员倒水、倒啤酒时，都喜欢把水瓶、酒瓶拿得老高。而且，似乎每一位意大利服务员都喜欢这样。其他国家的服务员倒饮品时，都会让瓶子水平微斜。但在意大利，服务员把瓶子喜欢举得老高，好像那样倒得更快，更准。这样的结果是，意大利顾客也喜欢那样倒酒。

我以前在哪儿见过这个动作？答案是巴西。无论在里约、萨尔瓦多、圣保罗，服务员和顾客倒饮品时，几乎把瓶子倒过来，好把饮品尽快倒完。通过意大利人和巴西人的小习惯，我把这两种相似的文化联系了起来。

据我所知，美国汽车品牌雪佛兰的营销团队——杰克·莫顿世界公司——将足球变成了一个绝佳的营销途径。足球与各年龄段的球迷都有着强烈的情感联系。于是，公司管理层就参与到足球赛事中，与全世界球迷形成了特殊的联系。莫顿公司最终与“同一世界足球”项目达成了合作关系。这是一个初创型项目，旨在把坚不可摧的足球送给全世界战区、灾区、难民营和贫困社区的孩子。

我想知道的是，生产软饮料和啤酒的巴西麒麟，也能与巴西足球形成类似的结合吗？我采访了萨尔瓦多和圣保罗的足球教练，就立马发现，巴西急需训练项目和赞助计划，但由于费用问题和国际基础设施建设问题，这些计划很难落实。于是，我又把目光转移到了别处。

多年来，我一直着迷于国际大品牌和世界知名宗教之间的相似性。我甚至采访过来自新教、佛教、天主教和伊斯兰教的14位宗教领袖，试图找出他们信仰之间的10个共同点。我发现，按照重要性排序，它们的共同点分别是归属感、叙事性、宗教仪式、符号性、清晰的愿景、感官吸引力、敌人的力量、福音传道、神秘感和高贵感。想想世界上最有影响力的品牌——苹果、耐克、维萨卡（VISA）、哈雷戴维森、可口可乐、百事可乐、维珍航空等——你会发现，它们或多或少用到了以上方法。比如说，苹果公司的产品发布通常都很神秘。苹果的“粉丝”是世界上最热情的品牌推销员。而且，苹果公司还给用户一种强烈的“归属感”。尤其重要的是，在许多苹果商店里，苹果标志像圣诞星一样，挂成一条不显眼的线条，这是巧合吗？

这十条戒律让人难以捉摸。其中，有一条是社区归属感。在信息时代，我们大多数人都会产生漂泊感。移动经济的发展，让许多人“无处不在”。社区能给人带来亲切感和归属感，但是，“线上的社区”越多，真实的社区就会越少。

对宗教或品牌而言，仪式也同样重要。无论是配着酸橙喝科罗娜啤酒，还是在星巴克买杯密思朵咖啡，只要顾客用的是同一种语言仪式，同一种做事方式，他们就能联系在一起。仪式是顾客加入一个特殊群体的通行证。他们重复某个仪式的次数越多，就越有可能成为死忠粉。这个主题似乎值得探索。尤其要看到的是，巴西的宗教正在走向衰落。

巴西是世界上最大的天主教国家。60%的巴西人自称是天主教教徒，相比 1970 年的 92%，这个数字下降了。据有关研究估算，巴西的天主教信徒将继续减少。“到 2030 年，巴西的天主教教徒将不足 50%。”[11] 我以为，巴西人会对宗教异常热情。可是，我却惊讶地听巴西人说，宗教在他们生活中的作用微乎其微。即便他们没说什么，我在许多地方都能看到这个趋势。在天主教的降临节、四季节和祈祷节，斋戒和禁欲是很常见的。不过，大多数巴西人都告诉我，他们根本不在乎那些戒律。20 年前，我第一次去巴西时，每一个房间里至少有一个角落会留给圣母玛利亚。或者，屋里至少会放一个插着鲜花的圣器。但是，在现代巴西，大多数人的“收藏”都是品牌啤酒罐、花瓶、笔筒。大多数巴西人告诉我，如果说宗教的吸引力下降了，那这里指的宗教不是传统天主教，而是新兴的传教方式和唯心教条。

我经过研究发现，电影、电视节目和家庭游戏中的商业符号与做礼拜频率的下降之间，存在直接的联系。我记得，在萨尔瓦多的一个贫民窟，一位十几岁的男孩给我看了一件巴西常见的小塑像：马与骑手的白色小玻璃像。骑手是罗马战士和基督殉道者圣乔治。他因用剑杀死一只恶龙而出名。圣乔治是胜利的象征，却似乎不是宗教胜利的象征。男孩说，他和朋友每周都会进行一种仪式：倒满一小杯啤酒，放在圣乔治面前，保佑他们最喜欢的当地球队——科林蒂安保利斯塔体育会（Todo Poderoso Timao）赢得当周的比赛。一个当地球队似乎能比宗教带来更多归属感。一个啤酒品牌也可以与友情、幸运和归属感联系在一起。

在萨尔瓦多市北部，我无意中发现了当地在售的彩色手链，也叫巴伊亚手环或许愿手链。据说，它源于与非洲神灵、天主教信条的交流。在巴西，据说穿戴某种颜色的服饰，就会呈现这种颜色代表的特点：橙色代表喜悦与热情，绿色据说代表金钱和成长，桃红色代表友谊。与颜色同样重要的，是巴伊亚手环的佩戴方式——手环上不多不少，一共有三个结，每打一个结，就可以许一个愿——而且，要一直戴着巴伊亚手环，直到自然脱落。

如果说巴西的宗教正在衰落，那么，能弥补人们对团结、仪式、归属感和神秘感的期待是什么？能让巴西人觉得他们属于一个群体的是什么？

中国香港、巴西和意大利流行迷信和仪式。我想到意大利的南北文化差距和巴西的东西文化对抗，就知道我发现了 21 世纪改造德瓦撒的方法。巴西最大的亮点是什么？渴望——展现自我的需求，加入一个群体的需求，宗教与做礼拜在全国范围内的衰落。受到全世界几大宗教的启发，我会赋予德瓦撒三个特性：仪式感、福音传道和感官吸引力。

我曾经做过一个假设——从本质上说，巴西和意大利是两个类似的文化——我开始搜索其他小数据，要么支持我的假设，要么颠覆我的假设。例如，女性怎么做发型？要是她们想染发，最流行的发色是什么？在意大利，女性更偏爱金色染料。（如果你在不同的意大利电视频道间切换，就会发现，似乎每两位女性中，就有一个发色金黄。除了拉直卷发，金色染料在巴西同样流行，因为金发代表着财富和名气。）

如果巴西拥有世界上最爱追求时尚的顾客，那么意大利很有可能告诉我，巴西人到底想要什么。除了服务员和消费者拿瓶子的方式，以及女性染发的方式，意大利与巴西还有其他共同点，包括来自气候、政府严重腐败和天主教堂的影响。意大利和巴西连在地理划分上都十分相似，南方代表“快乐”与“适宜居住”，北方代表商业、效率和秩序。

为了创建归属感，我要做的第一件事就是把德瓦撒与里约人的感性联系起来。据我所知，里约人的真诚、随性和自由吸引着其他巴西人。德瓦撒除了生产啤酒，还在巴西滨海地区选址开了独立的酒吧餐厅，提供自助餐和免费Wi-Fi，当然肯定少不了德瓦撒啤酒。其实，我的秘密武器就是德瓦撒的酒吧。我会把酒吧当作“教堂”或敬拜场所，让德瓦撒“系列品牌”的消费者聚集起来。

南美以“高接触度”的文化著称。也就是说，与北欧相比，两个南美人通常站得很近，接触对方的频率更高，也习惯于更多的感官刺激。人们认为，北欧、澳大利亚人和北美人的文化接触水平比较适中。在巴西和拉美其他国家，音乐是非常重要的元素。因此，就要为德瓦撒啤酒瓶打造一种触觉和感知印象。我的研究表明，如果我们能用多重感官“记录”一种经历，往往会比单一感官的记忆深刻 200%。如果增加社交因素或归属感，我们对这段经历的记忆就会更深刻。

在法国和奥地利，玻璃杯制造商用特定的杯子装特定的酒，生产杯子也就变成了生产艺术品——于是，市场上的酒杯品种就有成千上万个——同样，不同的德瓦撒啤酒瓶，也会呈现或浓或淡的口味。德瓦撒啤酒注重酒香（60% 的饮料口味都源自香味），而它生产的酒瓶也将成为喝德瓦撒啤酒独特的新方式。

喝酒的人群会间接暗示他们对眼前的葡萄酒了解多少。他们晃动酒杯，让酒香散发出来，抿一小口，把酒杯举在脸颊一侧。他们一起谈论嘴里留下的香气、涩味、醇度和口味，或者叫作“回味”。他们似乎在说服自己，他们对品酒了解得越多，愿意付出的金钱就越多。晃动酒杯的醒酒仪式已经成为专业的代名词。多年来，我曾经看到，在咖啡厅和餐厅，许多人会下意识地晃动水杯和姜汁汽水。

那么，下一步就是为德瓦撒创造一个特别的仪式。

一般说来，仪式是一种可以改变我们情绪、社交和身体状态的特定行为模式或语言模式。大多数仪式分为两个层面。第一层面注重具象和感觉，第二层面注重抽象和情绪。理想状态下，仪式应该像科罗娜啤酒里的酸橙，或者亚马逊的一键“添加购物车”按钮一样简单好记、易于操作、紧贴现实。

从本质上说，德瓦撒的新仪式就是在尝试“寻找你的口味”——并且在巴西的德瓦撒酒吧快速推广开来。具体是这样开展的：顾客走进一家海边的德瓦撒酒吧，点上一杯酒，服务员会问：“您还要加别的口味吗？”然后，服务员端出来一个品酒托盘，上面放了 4 个玻璃杯，杯沿上撒满不同口味的粉末，有盐、柠檬、巧克力等，看起来就像撒盐的玛格丽塔酒杯。（杯沿上该撒多少粉末，我们的服务员都是专家。）顾客可以先尝尝味道，最后按照自己的口味，点一品脱啤酒。到目前为止，德瓦撒的新仪式进行得非常顺利。而且，我相信未来也会非常顺利。最让人难忘的是，新仪式已经与啤酒融为一体，吸引了许多人的目光。他们中间有喝酒的，也有不喝酒的。

我还想逐渐灌输第二个重要的维度：转换。在全球范围内，几乎每个人都喜欢在炎炎夏日里坐在海边。可是，在里约当地，最著名的海滩大多都被游客或上等阶层预订了。就像香港赛马俱乐部的豪华包厢，都是给有钱人享受的一样。不过，在赛马俱乐部，顾客支付不同的价格，都可以通过豪华包厢瞄一眼赛马和外界的景色。为此，我们重新设计了德瓦撒酒吧，好让顾客们转换心情。我的目的是，让顾客忘掉每天的烦扰与抱怨，进入一个“梦幻般”的平行世界。我得补充一句，德瓦撒酒吧里也有一套规则。每个酒吧里都有一支笔、一个笔记本和一个黑盒子。顾客们先把工作问题记下来，放进盒子里，再跟朋友大喝一场。

转换。顾客们想逃避里约的人群、肮脏、灰尘、贫穷和无尽的宗教礼拜。怎么才能帮他们进入更加自由、快乐、迷人的梦想？为此，我们建造了一个巨大的浮岛——我们在科帕卡巴纳海滩 200 英尺外，建造了一个漂浮的德瓦撒酒吧，里面有 DJ（唱片骑师）、冲浪板形的桌子和庆祝岸上所有节日的直播视频。这么做的目的？为了让海边休闲的梦想“接近真实”——却又可望不可即。未来，我们的“德瓦撒浮岛”将出现在里约狂欢节，销售特供啤酒。从里约到圣保罗的街头集市上，也会出现这样的酒吧。

解决了巴西对迷信和仪式的需求，剩下的就看怎么满足人们的愿望了。这时，我不由得回想起，我在为鹰嘴豆泥制造商萨布拉工作时，一位做营销的同事曾跟我说过一些事。他告诉我，在萨布拉工作，最难的就是改变美国人的餐饮习惯，让他们告别不健康的加工快餐，转换为以蔬菜为主的新鲜健康食品。在他看来，他的任务其实就是改变消费行为。他想让每位美国男性、女性和孩子都喜欢上鹰嘴豆泥。这个梦想似乎不仅可行，还令人兴奋，甚至非常大胆——直到他当面采访了美国中西部城镇居民。他坐在顾客家里，请他们免费品尝鹰嘴豆泥。可是，这个过程却困难重重。

我同事最早的发现是，外行人普遍认为，鹰嘴豆泥就是一种无聊的棕色素食。它属于“新潮”食品，常让人联想到老年嬉皮士、吸毒幻游和扎染T恤。大多数受访对象对他说，他们连碰都不会碰那东西。然后，几个人又采访了经常吃鹰嘴豆泥的人。他们大多数人都表示，“第一次”品尝经历很让人难忘。他们都有一位了解和信任的好朋友——几个好朋友像看门人一样，“盯着”他们品尝。在大多数情况下，这位好朋友会让他们就着一种熟悉的小吃，比如小胡萝卜或薯条。同时，他还会强调，鹰嘴豆泥既卫生又健康。

对“看门人”的认识启发了萨布拉反思自己的营销计划。他们还优先推出前所未有的“品尝实验”计划。萨布拉意识到忠实顾客的价值——他们是未来的“看门人”。不用说，调查数据永远也不会产生这种认识。相反，这种认识来自高度个性化、深入化的人种学研究——也叫小数据分析。

根据我的经验，“卡里奥克”与其说是一个特定群体，不如说是一个通用概念。从夏威夷北岸，到加州马里布和海豹滩的冲浪社区，全球的海滨社区都一样。“卡里奥克”代表休闲生活、体格健美、财富、自由和没有负担——简单说，就是我们眼中意大利南部具备的特点。

两周后，我和团队找了 4 位显眼、新潮、人脉广泛的“卡里奥克”，任命他们为德瓦撒 2.0 的种子顾客和形象大使。“卡里奥克”大使运用特有的社交网络，结合德瓦撒的品牌，每月举办文化活动——聚会、时装秀、音乐会、体育活动、艺术展览和慈善活动——让德瓦撒啤酒重新焕发活力，与顾客真正地联系起来。4 位代言人对公众认识产生了巨大影响。他们的职责是播种和宣传品牌理念，让它受到里约社会的追捧，并把这种理念从里约带到巴西其他地区。他们的任务不仅包括促进社媒互动，还要雇用10个“推广员”，对德瓦撒的新闻进行线上线下宣传。

我们通常记住的，不是一种饮料、一种口味，而是喝饮料时发生的故事。有关品牌的谈话越能鼓舞人心，我们越觉得自己是这个群体的一部分。现在评价德瓦撒2.0的发展前景，还为时过早。但是，我和管理团队非常希望，顾客们通过德瓦撒最新的叙事形式聚集起来——这些对话结合转换、希望、仪式和感官吸引力，创造了一种形成于中国香港、发展于意大利的经历……所有追求卓越的人都有过的经历，也就是说，我们所有人都经历过。

Small Data

The tiny clues that uncover huge trends

| 第六章 |

不见的护手霜

自拍带来的店内时尚革命

就产品和品牌而言，世界不再局限于本地了。二三十年前，游客从 3000 英里外的另一个国家回来，带回的手提箱里装着许多纪念品——他们从印尼苏门答腊带来芭比娃娃，从博茨瓦那带回木质的动物雕像沙拉夹，从法国盖璞品牌店买回颈部带拉链的毛衣——它们不仅独一无二，有一天还会直接让人回忆起以往的经历。今天，游客里能放进手提箱里的东西，几乎都能从别处、网上和别人手里获得。这样，我们就不用从旅途中发现宝贝了。

不过，有许多西方品牌和公司，俄罗斯顾客和亚洲顾客看了都会觉得奇怪。同样，大部分西方人也不了解某些商场和品牌。之前，我提起过法国冷冻食品连锁皮卡尔。但是，也可以肯定地说，大多数美国人和欧洲人从没听说过“比格先生”。这是一个尼日利亚的快餐连锁，在尼日利亚拥有170多家店面，主要供应“莫伊莫伊”[①]（Moin Moin）和尼日利亚糙米（Ofada Rice）等当地特色。都科摩株式会社（NTT DOCOMO）呢？占据日本将近一半无线市场的是都科摩，不是美国电话电报公司（AT&T）或威瑞森（Verizon）。“赢百”（Won Hundred）是一个很有前景的丹麦男装公司。它在中国开了眼镜连锁店，起了一个激动人心的名字——海伦·凯勒。它在中国拥有80个店面，主要卖镜架和太阳镜。

也可以毫不夸张地说，西方人几乎没人熟悉塔丽唯尔（Tally Weijl）。这是一个瑞士和法国顶尖的时尚品牌，总部位于瑞士的巴塞尔，标志是一个粉红色的兔子轮廓。

8到十几岁的女孩会把这个品牌称为“塔丽”。它在爱尔兰、意大利、荷兰、波兰、德国、希腊和俄罗斯等30个国家开了将近1000家店。与H&M、Forever 21等品牌类似，塔丽低廉的价格与塔吉特百货公司（Target）的顾客心理价位相契合。那么，塔丽唯尔为什么要请品牌顾问？这个连锁品牌有个问题——没卖出去的

① “莫伊莫伊”，一种由豇豆、洋葱和胡椒粉做成的尼日利亚蒸布丁。——译者注

闲置商品。多年来，塔丽都一次次地把握住了时尚脉搏——最佳的长度、最流行的款式、最热门的颜色——但是，他们仓库还是积聚了太多没卖出去的货物，价值成百上千万美元。在初期的潜台词研究中，我采访过的少女似乎都不想去参观塔丽的实体店。她们告诉我，那里空间拥挤，毫无秩序，头顶的扩音器大声播放电子音乐，好像时尚行业和电钻行业处于同一个屋檐下，并且融为一体了。这是一种感官超载，而且让人不开心。

在 21 世纪，少女们对时尚的理解为什么会变化无常？顾客们无论年龄多大，只要在网上能买到打折衣服，就不愿意掏全价。这是一个全球性问题吗？如果互联网转变了实体店的地位和“社交”的定义——这是显而易见的事——那么，有没有什么新方法，能把线下线上两个世界顺利地结合起来？

早在互联网出现的半个世纪前，时装周就出现了。塔丽唯尔和所有时尚零售商都为此烦心。20 世纪 90 年代，时装周最早出现在巴黎。到了今天，它仍在向买手、顾客、媒体和行业专家展示每个季节最新的时尚与设计。现在，在纽约、伦敦、米兰和巴黎，每年都会举办两次时装周。而在巴西、德国、葡萄牙，还有许多民间时装周。在世界其他地方，只要女孩们爱时尚、爱新衣，就会有类似的活动。

显然，把时尚按季节分开，为顾客营造了购买机会。所以，在过去的几十年间，4个时尚季也开始衍生出“早秋”“度假”“泳装”和“成衣”等分支。有些少女只是想跟同龄人合拍，又要稍微出点彩。对于这些少女，“季节”概念会提醒她们，热情的停留时间有多短暂，落后于时尚有多容易。

海外外包生产成了西方零售商和设计师的福音。西方人穿的衣服，大约有98%是中国制造，剩下的则来自越南、泰国、洪都拉斯和世界其他地方。[1]在一个多季节的时尚年，通常需要设计师跟上趋势，提前18个月就预测接下来几个季节的变幻莫测。这是人们不愿意看到的。（在时尚行业，人们除了研究创新的制衣方法，就别无选择。所以，药物滥用、精神崩溃和自杀现象都是很常见的事。）

对大多数零售商来说，过程是这样的：收到裁剪、颜色和尺寸等详细要求后，中国大陆的工厂工人就开始制造衣服。然后，制成的衣服登上集装箱船，开始了长途的跨洋之旅。只要衣服一到目的地，工人们就把衣服搬上卡车，送到销售渠道和区域店面。最差的情况是，集装箱船在运输途中，某种时装或款式意想不到地变换了趋势——蓝色风盖过了黑色风，买家不知道为什么开始讨厌绿色。相反，一些零售商甚至会让船返航，毁掉船上的货物。据说，总部位于西班牙的飒拉（Zara）和其他零售商已经开始在海外货船上生产服装。那些货船上配备大型生产线，可以在最后一刻应对时尚趋势的巨大转变。

不过，每一年，有些商家可以减少由服装销售造成的百万美元损失。例如，意大利贝纳通（Benetton）的整个生产线都是白色的。衣服分配到分销中心后，贝纳通的分析师开始评估现在流行什么颜色，什么尺寸，再让工人对衬衫、夹克、裤子和婴儿服装进行染色和裁剪，适应当时流行的款式和颜色。但是，在一个很难掌控的行业，贝纳通是一个例外，不是一个常态。

与化妆品业一样，服装业的核心理念是欲望、渴望和转变。“着装认知”（enclothed cognition）是一个心理现象，是指着装会影响我们的认知和决策过程。由于着装的影响，面对周围的人们和标志，我们会无意中调整自己的做事方式。我们跟小宝宝说话时，会不会提高嗓门？我们跟老年人打招呼时，会不会放慢语速？我们在父母面前，声音会不会变低沉？我们在宠物面前，声音会不会提高？在警察、医生或消防队员面前，我们的行为会不会改变？在大多数时候，答案都是肯定的。（研究表明，如果穿上医生的白大褂，我们就会密切关注周围的情况。但是，如果我们穿上画家的白大褂，注意力就不会有任何改善。[2]）

着装认知是一个科学研究领域的变体。这个领域叫具身认知（embodied cognition），认为“人类不只用大脑思考，还用身体思考”[3]。反过来，我们的身体会“在大脑里产生不同的抽象概念，再影响我们的行为”[4]。比如说，如果我们带上一个写字板，通常会觉得那天做的事更加重要、更加上心、更加有条理。在无意中，我们会把洗手和道德纯洁联系起来。我们还会认为，一个捧着热咖啡的人比端着冰茶的人更热心、更亲切。而且，当有人要求我们注意一场即将开始的活动时，我们会身体前倾，好像从身体上“遇见”了未来。但是，如果有人让我们思考已经发生过的活动，我们会谨慎地往后坐。[5]

“着装认知”和“具身认知”都是心理学研究的新兴领域。但是，有些人买一套新衣服，觉得可以改善缺乏自信、社交恐惧症等问题。对于这些人，“着装认知”和“具身认知”没什么可惊讶的。事实上，从早上一睁开眼开始，我们大多数人不知不觉都在寻找一些外部标志，渴望带来转变。我们的智能手机，我们的第一杯咖啡，我们冲个澡、洗个头、刮腿毛、刮胡子、换上工作服，都是转变的仪式。一天结束时，我们卸了妆，换了衣服，又回到原来的样子。我在英国、德国和斯堪的纳维亚半岛时，印象最深刻的是，大量广告牌上都是让当地人皮肤变黑的助晒霜。但在印度尼西亚、印度、泰国和巴西，也有同样多的广告牌，只不过推广的是增白霜。所有人都希望变得与原来有所不同。

我在为塔丽唯尔准备潜台词研究时，遇到了两个障碍：第一，我是一位询问少女问题的年长男性；第二，语言障碍是个问题。在瑞士、法国、奥地利、意大利、西班牙、土耳其、波兰和乌克兰，我采访的少女中，几乎没人说英语。不过，最后也没关系。因为，到最后大多数女孩都会允许我参观卧室。卧室反映的信息，总是比大多数语言表达的信息要多。

每当我走进少年或少女的卧室时，都会随手列个清单。列在第一位的通常是衣服。它们是摆在外面，还是藏在衣橱里？如果有衣服摆在外面，都是什么品牌？墙上挂海报或艺术品了吗？床摆在哪儿，是怎么摆的？床上有床罩、棉被、羽绒被吗？床上有几个枕头？从床上哪些地方看，能证明经常磨损或频繁使用？床离墙上最近的电源插座有多远？主人每天在床上待几个小时？除了卧室里的这些细节，她们平均24小时会自拍多少次？她们在手提电脑、平板电脑和手机上都花多长时间？音乐和视频在她们生活中扮演什么角色？她们大部分时间在哪儿听音乐，看视频？

最后，我对比了女孩在现实中的“家”——她的卧室和她的脸书“主页”。我想说，社交媒体成了最新的卧室墙。正如她们在卧室里的做法一样，脸书用户会把图书、杂志、电影等艺术品和照片上传到“社交墙”，创建照片拼画和相册。一堆朋友总是在等着浏览。当然了，用户们都要定期更新“状态”——顾名思义，就是在脸书上发表当前的状态。

社媒主页和线下家庭还有另一个关键的共同点：我们在社媒上发布的信息，只有一小部分是真实状态——而现实中的房子里，也通常会展现我们希望中的样子。据我所知，更复杂的问题是，即便创建脸书账户是进入13岁的仪式，一位少年展现更真实自我的地方，也可能是大多数父母不敢入侵的领域——例如Instagram，或微信、Kik、WhatsApp等免费短信应用程序。

不过，卧室首先是个几乎不存在偶然的地方，可以发现一位少女的身份、渴望和欲望。

在将近10年的时间里，青少年的卧室发生了显著变化。以前，几乎所有孩子的卧室主角都是桌子、椅子、台式电脑或手提电脑。今天，这个主角变成了床。在过去的几年里，青少年把床看成“指挥所”，床的概念也因此得到了扩展。没错，一些孩子还趴在桌上写作业。不过，对大多数青少年，甚至是大学生来说，他们可以在床上读书、学习、打瞌睡、发短信、发邮件、听音乐、看视频、弯腰坐下、脸书视频通话、Skype网络电话聊天。而且，这些通常是同时进行的。

结果，光线的概念也改变了。在全世界范围内，我们大多数人一醒来，碰到的第一件东西就是手机。手机已经成为一种转变客体（Transitional Object），就像我们小时候身上裹着的毯子一样。2014年，舆观调查网（YouGov）和《赫芬顿邮报》的一项调查发现，18~29岁的智能手机用户中，几乎有2/3睡觉时“床上放着手机或平板电脑”[6]。这意味着，在24小时内，我们第一次和最后一次看见的都是由像素组成的人造蓝光。手机辐射几乎比阳光和月光都要严重，都要强大。10年前，平均每位少女的卧室里有2~5个台灯。今天，许多屏幕光把卧室照亮，台灯也变得像书桌一样多余。

在许多变化中，除了光线，还有“显示”的概念。椅子还在，不过大多是用来挂衣服的。10年前，女孩的卧室墙上会贴许多海报和艺术品。现在，平均每个女孩的卧室墙上，最多会挂两张海报。在许多情况下，女孩们可能对海报主题早就不感兴趣了。但是，当问到为什么不把它揭下来时，她们往往给出相同的答案：她们没“时间”，或者“太忙了”。后来，我明白了，真正的原因是，她们一直在保持童年的记忆。稍后，我会再讨论这个问题。

在过去的10年间，男孩们的卧室也发生了同样多的变化。可以肯定地说，一旦房间变了，房间的主人也就变了。一般来说，少男变得像少女，少女变得像少男。如果今天的女孩更宅了，今天的男孩就更没自信了。以前，男孩们会伸开四肢，鞋帮挂在椅子或沙发上。但到了今天，男孩们开始喜欢把一个脚踝蜷起来，搭在另一个脚踝上。总体看来，他们变得更加关注时尚了。在他们的生活中，时髦的休闲鞋和运动鞋变得越来越重要。因此，现在许多男孩女孩都拥有一块落地镜，这已经变成一种常见现象。

但是，在瑞士、意大利、法国、奥地利、德国和波兰的卧室，女孩们怎么能帮我扭转一个瑞士时装零售商的命运？坦白说，我很疑惑从哪儿开始。几周后，我在欧洲东部和西部做完潜台词研究，变得前所未有的豁然开朗。先不说装饰上的整体变化、床的显著作用，我当时看到的、听到的，没有一件不是非常罕见的。所以，我改变了策略。我问受访的每个女孩，她们介不介意用视频和文字写日记。我还问她们，愿不愿意用十几张照片，来形容自己的样子（或者，她们怎么看待自己）。

就视频日记而言，规则很简单：我要求女孩们记下那天做了什么，下一天计划干什么。如果她浏览了一个网站，就要写下网站的名字。她听过什么音乐，看过什么视频，也要以同样的方式记下来。一开始，日记上的叙述显得老套、刻意——大多数女孩似乎在扮演《欲望都市》和《美少女的谎言》里的角色——但是，随着时间的推移，她们拍视频时变得越来越放松：我现在要去看看冰箱。今晚，我要出去跟男朋友约会。我现在打算上YouTube听西娅的新歌。

我就意识到，单是看看女孩们的照片就能发现，几乎所有照片都表现出一种不平衡。讽刺的是，这些不平衡通常会与女孩们的脸书主页“抵消”。一位有肥胖问题的女孩在脸书上发照片时，她只会露出自己的侧影，以及一群苗条的漂亮朋友。另一个女孩的父母离异了，她向我承认，她感觉非常孤独，但脸书主页表现的完全是另一个人。线下似乎才是真实的世界，但梦想却发生在线上。还有一件事：根据线上视频和对她们的采访，少女们的生活总是围绕着时尚和化妆。我的研究表明，女孩们清醒时，大约有 80% 的时间都在思考当天穿什么，下一天穿什么，整体穿成什么风格——这个数据是有点惊人的。她们每天还会花上两三个小时，浏览最喜欢的时装零售商、网站和汤博乐（Tumblr）。瑞士女孩沉浸于英国和德国的时装网站、汤博乐、Instagram 和 Snapchat，而东欧的女孩则喜欢浏览斯堪的纳维亚的网站。大多数女孩完全了解时尚界，包括许多超模的名字。而且，她们都有一个正式或非正式的愿望清单，列着她们想买却买不起的衣服。

对时尚同样的着迷还可以从她们的智能手机看出来——从各种贴纸和图案的手机壳，到手机上的各种应用程序——配色的应用、搭配口红与衣服的应用、提供城市热门酒吧地址的应用、可以照片美颜或瘦身的应用。我见过的每一个女孩，都不满意自己的模样。她不是嫌自己太胖，就是嫌自己太瘦。我要补充一句，这要怪同时代的服装店。零售商为了便于生产，不会针对不同的体型，生产适合的服装。但女孩们不是怪生产商，反而认为问题出在自己身上。

于是，就产生了自拍。有时候，相比一间精心收拾的卧室，一张自拍能告诉我主人的更多情况。一个女孩让另一个女孩看手机上的照片时，这个女孩按照重要性排序看到的分别是：我在照片上吗？我看起来怎么样？我旁边站的是谁？照片上，站在我旁边的人是不是在说，我身上有受人欢迎的光环效应？或者，站在这个人旁边，只是一种社会责任？自拍似乎比她们应该记住的事件或时刻还要重要。

最后，我用一周的时间，跟一大群女孩去购物。如果她们住的地方附近有一家H&M，她们就会到那儿待上45分钟到1小时，在店里溜达、与店内员工聊天、盯着模特看看。她们不是去那儿买东西，只是让自己沉浸在时尚世界中。也许，她们只是想触碰自己的渴望——她们似乎通过逛一家全球连锁店，就更容易摆脱自己的地方特色。女孩们成群结队地逛商城时，我还跟在后面做笔记。我不经意间发现，她们除了看衣服，还在忙着评价店里的其他女孩。似乎在潜意识中，女孩们对一家服装店的认识，主要不是看它卖什么，而是看店里的其他女性是什么样。（女生们参观大学校园时，通常也是这种情况。）如果其他女孩不够时尚或吸引人，她们通常会去别处逛。

在塔丽唯尔和其他零售店，我发现了另一个有趣的行为。女孩们很少是自己一个人逛街。相反，她们会三五成群地出现在试衣区。两个女孩会站着放哨，另两个女孩会走进试衣间试穿衣服。当其中一个或两个女孩出来时，她们会迎来一阵夸奖或反对。但是，这真的那么不寻常吗？（答案是肯定的。但在当时，这些意见似乎什么都不算。）

我完成第一轮潜台词研究后，获得的特殊印象是，一个十四五岁的女孩不仅充满困难和疑惑，还有害羞和勇敢，更要依赖父母和家庭。但是，当你的生理发育超越了实足年龄——从波兰到奥地利的卧室里，从泰迪熊身上，都能看出这样的困惑。

这些破旧、可爱的泰迪熊，似乎没有看起来那么简单。我采访过的许多女孩告诉我，她们有男朋友。当我问到泰迪熊时，大多数情况是，泰迪熊显然是男朋友的替身。我会说："说说你的泰迪熊吧。"或者，"你认为，第一次觉得亲近泰迪熊是什么时候？"或者，"你可以说一个泰迪熊让你失望的时刻吗？"这些问题没有听起来那么奇怪。女孩们谈论生活中的男孩时，很少能准确地描述他们。后来，当我见到这些男孩时，也发现了这一点。相反，我听见的是女孩对男友的期待。女孩们理想中的形象，也表现了她们自己的样子。

少女们所处的不确定区域，由两个不同的宇宙组成：一个是"玩具反斗城"的过去，一个是"维秘店"般性感的未来生态。去过"维秘店"的大多数女孩告诉我，她们觉得不协调，甚至不舒服。同时，尽管她们还住在家里，却不像个孩子了。与男孩不同，女孩通过身心发展，进入了一个说不清楚的转变阶段。我拍过一张快照，深刻而完美地总结了这种双重特征：一位 15 岁女孩的卧室里，放了一块花花公子兔女郎雕花的毯子，毯子上坐了一只泰迪熊。

女孩们不仅沉迷于自己的长相，也对朋友和外界的评价很敏感。成为一个少女就意味着，你不敢一个人站着，不想被忽视、遗忘或拒绝。今天，每个人都知道，女孩没安全感时，会有怎样的表现：她会在脸书上发布一张照片，等待许多人来夸赞她的外表。一旦恢复些自信，她就准备好再次成为自己生活圈的明星。

我为一家巴西啤酒制造商工作时（我在第五章说过），无意中发现，每个巴西女孩的卧室里，都有一种摆设或一套收藏，通常是五颜六色的啤酒瓶。（在巴西青少年中间，喝啤酒是极其常见的事。）这些收藏传达了一个信息：这个女孩想变成什么样。或者，她最想结交什么样的群体、什么样的社会经济层次。在某些情况下，女孩甚至不喜欢摆出来的啤酒品牌——比如喜力啤酒——但是，那也没关系。喜力啤酒比一般的啤酒品牌贵。为了某个晚上出去泡吧，巴西女孩会用几个星期攒钱。这一周，似乎只有把周围都放满喜力啤酒瓶，她才觉得接近了梦想中的自我，接近她渴望吸引的朋友。

在东欧和西欧，我参观的卧室里没有类似啤酒罐的物件。当然，奥地利女孩可能会摆一套靠枕，波兰女孩会摆一堆化妆品。但是，这都跟我在巴西看到的不一样。不过，我知道时尚总是与愿望、转变相关。所以，我要找到女孩的“秘密展览”，好帮助塔丽唯尔更好地理解顾客。最后，我终于找到了想要的信息：女孩的双脚。据我所知，只要打开放衣服和鞋子的壁橱，就会发现类似“啤酒架”的东西。此外，女孩们告诉我，每一双鞋都有一种用途，都有一个存在的理由。任何有鞋、穿鞋的女孩都知道，鞋子能反映心情与态度。一双鞋就像音乐一样，反映并支配着一个人的感觉。根据我的潜台词研究，平均每位瑞士少女拥有 19 双鞋，法国女孩有 15 双，德国女孩有 13 双。

这时，我决定做个小实验。在接下来的十来天里，每当我飞到一个首都城市——柏林、伯尔尼、巴黎、罗马、伦敦——我都会离开酒店，走一段很长的路。我不是去观光，而是有一个任务：在人行道上，跟踪观察每位女性看到另一位女性时的眼神。我意识到，一位女性看到另一位女性时，第一眼看的总是鞋子。

回到工作中，我开始拍摄壁橱的内部情况，一张张地拍下壁橱里鞋子的照片。一周后，我又回到那些女孩的卧室中。我决定再拍几张壁橱内部的照片。我发现，在不过 7 天的时间里，就发生了一件怪事。我发现，对比我一周前拍的照片，鞋子的外表，甚至是鞋子的摆放顺序都发生了改变。稀奇的是，只有一双鞋还放在老地方，这让我很困惑。因为，几乎每个女孩都告诉我，虽然她们有许多双鞋，但每周常穿的鞋只有一两双。然而，当我提出这点矛盾时，大多数女孩都耸了耸肩。她们也许试过这些鞋子，也许没试过。她们也不记得了。

当你盯着一件东西太久时，就会变得盲目。就青少年穿的鞋子而言，我觉得好像看不清真相。如果我无法理解某件事，或者说，如果某件事毫无意义，我就要先离开几天，让自己恢复判断力。在这种情况下，我要看看同一个家庭生态系统的其他地方。不过，这回是整个范围的另一端——浴室。

一些女孩自己拥有一间浴室，有些跟兄弟姐妹共用一间，还有些跟家人共用一间。所以，大多数浴室里都放着牙刷、牙膏、除臭剂、香水和唇膏等标配。缺了什么？对吗？不对，不缺什么。真的不缺吗？过了好几天，我才想到答案：很少看到面霜或护手霜。哪怕真有，我看到的也是水状乳液。10 年前，在大多数女孩的浴室里，都可以看到油质面霜和护手霜。油质乳液不仅持续时间更久，冷天里对皮肤的伤害也更小。但是，只过了10年，它们就从女孩的浴室里消失了。为什么？

护手霜、润肤霜、自拍照、隐藏的鞋子，这几乎就是小数据的定义。单独看起来，这些东西都微不足道。但是，放在一起就显示了一个潜在假设，很可能与技术相关——在当时的阶段，如果可以称为假设的话。我一发现油质护手霜和面霜从女孩的化妆品中消失，第一个想法就是，面霜和护手霜会让使用者的手指非常黏。黏黏的面霜会留在键盘和空格键上。不仅如此，亮白的肤色还会出现反光。大多数人会认为，这是有悖自拍精神的。大多数女孩精明地认识到，油质面霜、手机短信和自拍无法混为一谈。

到现在为止，我脑海中已经形成了一个理论。但是，首先我要搜集更多的证据。在接下来的几天，我拜访每个家庭时，都会问一个同样的问题：女孩们——或者她们的父母——愿不愿意展示每月的手机统计信息？不仅包括简易格式、通信线路和手机供应商，还包括通话和短信的统计数据？一些女孩和父母犹豫了；有些女孩惊讶地看了看我；还有些人问我，这是不是真的有必要？然而，解释完我的理论，大多数母亲都跟我一样充满好奇。

我为什么要问？因为还有一个问题没问。我知道，每月的手机报告回答不了我的问题。每天早上 6 点到 6 点半，女孩的卧室里到底发生了什么？大多数女孩告诉我，她们一大早起床后，就“准备去上学”。根据我对卧室的参观，她们不是在洗澡。我是怎么知道的？上一份工作中，我为一位欧洲洗发水制造商工作。我从中得知，洗发水瓶的喷口越大，卖出的洗发水就越多。原因很显然，瓶子的喷口越大，挤出的洗发水就越多，用完得越快，我们也就越快买新的。洗澡时长和洗发水瓶喷口之间有着直接的关联。喷口越大，洗澡时间越长。喷口越小，洗澡时间越短。我把这个现象珍藏起来，仅此而已。但是，我现在意识到，它可能比我想象中更有用。

在助理的帮助下，在接下来的 48 小时里，我研究了电话账单。研究完之后，我知道，我的假设是对的。（电话账单似乎是毫无价值的“大数据”。但是，加上小数据以后，我们可以推出一个强大的理论。）显然，根据一家人的手机数据套餐情况，女孩们虽然睡得越来越晚，醒得却越来越早。（毫无疑问，青少年睡眠不足已经成为一个全球性问题。）大多数家庭的手机数据是从早上 6 点开始使用的。大多数女孩告诉我，这是她们起床的时间。不过，事实可能跟你想象中不一样。我采访的女孩们并不想上学迟到，交上去的学期论文没错误。不对，在安静的家中，她们早早地醒来，利用那段时间给朋友发送一张张自拍照。

每天早上，平均每个女孩大约要自拍17张照片。为什么？明显的答案是，技术的发展已经帮她们实现了。稍作思考的答案是，人类从根本上都缺乏安全感；至少，我们在青春期的时候，都想变成别人；我们最担心的就是被自己的群体驱逐。也就是说，时尚总是主导着需求和变化。关于欲望，少女们似乎有三点要求或三个观点。第一是她们卧室的隐私，她们要在卧室里在线浏览商品和服装。第二是她们当天和下一天的穿衣计划。第三点现在也变得很明显了。当我问起这一点时，女孩的回答和洗发水瓶的喷口也证实了这一点。

每天早上，她们醒来后的第一件事，似乎都是拍下打算穿的衣服和鞋子，发送给所有朋友，让朋友给出正反面意见。她们每天早上都是这样，调整着装选择，让同伴扮演安娜·温图尔[①]的角

① 安娜·温图尔，《时尚》(*Vogue*)杂志美国版主编。——译者注

色——同伴不仅会评价怎么穿最好看，还能保证两个女孩上学时，不会穿着同样的衬衫、鞋子或裤子。

像其他群体一样，这些女孩通过穿衣配色，凸显自己在这个世界上的身份。我之前就发现，她们的目的不是成为闪闪发光的明星，只是想稍微出彩一些。父母自然不懂这些，也不应该懂这些。在安静的早晨，门后就发生着这样低调的时装展览。

此外，我们都无法抵御来自时尚和地位的压力。脸书和其他社交媒体网站凸显了人类隐含的特征——过去，在网络出现前，我们的想象或理论没有任何支撑数据。没有外人关注时，即使世界上最自信的人也会有不安全感。我去过许多地方，在机场休息室度过了许多时间。我周围坐着的商人，穿着昂贵的服装，正在敲打手提电脑的键盘，或用手机打电话。几年来，我注意到，他们许多人把登机牌倒放着，或者放进胸前口袋里，不让别人看出来。最后，我终于弄明白了，这些人拥有维萨金卡或美国捷运卡，可以进入商务舱和头等舱候机室。但是，事实上，他们买的是经济舱。而且呢？看看任何一位商人的钱包，你会发现，许多俱乐部会员卡和信用卡很早就过期了，但却通常放在显眼位置。不管多大年龄，什么性别，我们总在有意无意地向外界传递信号——我采访的女孩们也不例外。

你可能会想，早晨自拍与青少年时尚界有什么关系？我怎么通过观察，得到一系列不同的观点，整合成一个案例、论点或策略，进而帮助塔丽唯尔渡过难关？

重申一遍，网络已经打破了“地方”的概念。网络不仅与纪念品相关，还改变了我们与别人相处的感觉。在网络出现之前，我们开始拿自己与老乡、高中校友和附近学校的朋友做对比。到了现在，我们可以与全球几百万的同龄人对比。少女们尤其容易踏入这个陷阱——如果不先得到朋友的肯定，她们穿什么、做什么都没有意义。

由于每天都要做好服装搭配，女孩们的反应时间都变短了。过去，女孩们会在舞会开始的几周前，或其他校园大事件开始的几天前就搭好衣服。在信息时代，每天早上都需要这样的搭配。它对塔丽唯尔这样的零售商会产生直接和间接的影响。毕竟，为了搭配衣服和鞋子，年轻女孩现有的装备中会增添更多物品。相应的，她们也就需要更多鞋子、衬衫、裤子、睡衣、毛衣、外套和围巾。由于多个“时尚季”的出现，今天的少女们不得不经常买新衣服，补充衣橱。

塔丽唯尔给我一个特殊的任务：挖掘出不能创造品牌忠诚度、无法加强品牌忠诚度的小数据。但是，在每两个月就要改变和创新的行业，这些小数据可能几十年间一直在变化。少女们处于由童年到成年的过渡阶段，世界上没有哪个零售商能满足她们的需求。那是一个未知区域。为了吸引并保留核心用户群体，塔丽唯尔必须兼具泰迪熊的可爱和“维秘”模特的迷人这两个特征。

在零售行业，线上线下相结合已经成为一种趋势。作为回应，现在有些零售商已经推出了“电子货架”——类似于告诉你驾驶时速的电子限速牌——顾客们通过“电子货架”，可以刷支持在线实时打折和店内打折的会员卡。而且，社区交通导航应用“位智”（Waze）已经与塔吉特百货等多家企业合作，提供基于地理定位的交易和附近商店的打折服务。

可以想象，包括塔丽唯尔在内的时装零售商害怕失去年轻女性顾客，因为她们甚至都不逛实体店了。为了应对趋势，我和塔丽唯尔董事会不得不承认，在信息时代，“社交”这个词到底是什么意思。我们认为，线下购物最大的优势就是社交属性。购物可以让我们走出家门，商场为我们打造一个与时尚同伴交流的社区，甚至是一座小城市。线上零售还无法代替触摸感。在买衬衫、裤子前摸一摸，“感受一下”，是人们共同的欲望。

网络还像一座城市，通过连接性、社交性和空间性匹敌线下零售界。它让用户接触到商店、品牌和其他国家，这都是大部分人的家乡没有的。它还给用户一种社会平等感、归属感、来自同龄群体的褒贬——同龄人的看法定义并主宰着少女们的生活。同时，无论我们在网上做什么，包括购物时，我们都是一个人。我的目标是，把线下购物真实的社交性与线上购物的虚拟归属感结合起来，创造一个在我看来前所未有的零售世界。

但是，当我向塔丽董事会提议时，第一个想法就落空了。我建议董事会，我们为什么不创建一个梦想家园或梦幻阁楼，选一些女孩住进去？我们可以通过一次特殊的店内竞赛招募，甚至借助威利·旺卡[①](Willy Wonka) 式的黄金门票系统。女孩们可以住进塔丽唯尔提供的阁楼里。我们还可以提供 24 小时接送、T 型台、疗养浴

① 威利·旺卡，是电影《查理和巧克力工厂》里的一个角色。——译者注

池、音乐工作室等额外服务。我们可以在店内、塔丽唯尔网站、品牌的YouTube频道和直播应用Periscope上，播放女孩们的聚会、表演和集会。相反，这个房子或阁楼可以作为塔丽唯尔品牌的口碑传播中心。

所有人都喜欢这个提议。从某种程度上说，我们已经开始在巴黎挑选合适的地址。一年后，我们还没找到最佳地址。最后，主设计师不愿意向塔丽唯尔妥协，在一个不太理想的选址动工，就中断了计划。但是，两年后董事会通过了第二个创意。到目前为止，这个创意似乎实施得非常顺利。

2013 年，在维也纳的一个试点店面中，推出了全新的塔丽唯尔品牌——塔丽 2.0。从那时起，它的成功开始遍布欧洲多个城市。

我知道，少女们变化无常，对许多东西的忠诚度都不高。所以，我打算在新的塔丽唯尔品牌中，创建一个“宗教寺庙”。潜台词研究告诉我，现在的女孩需要一些信任的东西。但是，许多人已经没有信仰了。至少，我采访的女孩们都是这样。根据我的经验，一旦女孩们找到自己的信仰，找到自己的社区，甚至形成一个群体，她们就会保持忠诚度。我希望，塔丽的新店就是这个地方。

如果塔丽唯尔以前的店里拥挤、嘈杂、没人情味，新店就要宽敞、鲜艳、华丽、出乎意料。我找来一位知名的英国剧场导演，他把维也纳的塔丽旗舰店改造成了一场大会、一个圆形剧场和一次公开演出。在开张那晚，到处都是高跷表演者、街头音乐家、戴墨镜穿褶边衣服的大胡子男。进出店面的演员们盛装出席，手里端着杯子，抿着粉红色的香槟。女服务员头戴绿色和紫色的假发，端着托盘，上面放着棉花糖、粉色心形曲奇和超大个的棒棒糖。在店内店外，算命师和塔罗牌占卜师提供算命占卜服务。杂技演员们脸上涂得白白的，弯曲身体，做出花饰的形状。

百科全书上会写，男同性恋文化对异性恋的文化和时尚产生了影响。男同性恋人士引领的时尚趋势，最终被主流接受。例如，20年前，戴耳环的男性通常都是“同性恋”。发胶和润肤霜也成为男同性恋世界的象征。到了今天，许多异性恋男性也会戴耳环，抹润肤霜。男同性恋对异性恋文化的影响，是从哪里开始的？是怎么开始的？答案很复杂。不过，谈到时尚，男同性恋人士的品位通常会影响一些女孩。她们看到男同性恋人士外表上的亮点，会说服男朋友也试试。

我曾与泰拉·班克斯合作过。在她主持《全美超模大赛》“趣美生活”脱口秀，当“维秘”模特期间，我们一起引发了巨大的公众关注，开发了全新的产品计划。我花了一天时间研究她的数据库，找出品牌的核心用户群体。这个产品线主要面向十几岁的女孩或大学女生。但是，我还惊讶地发现，许多睡衣生产线的目标群体是20岁左右的男同性恋人士。原因很简单，并且经过了实践验证：如果年轻的同性恋群体认为这个生产线时髦、刺激和优雅，并因此偏爱它。那么，他们推荐给年轻的异性恋女性，就只是时间的问题了。而且，许多男同性恋非常有主见；如果他们不喜欢某个品牌或商店，觉得它俗气过时，就会直接说出来。简单说来，他们的观点就是一种质量控制。如果一位年轻、细心的男同性恋喜欢某件东西，很可能证明那件东西不错。所以，塔丽开张那天晚上，来逛店的人群中，有很大一部分是年轻的男同性恋人士。我们希望，他们能成为年轻女顾客的时尚领袖。

早些时候，我提出了史蒂夫·乔布斯问过迪士尼CEO罗伯特·艾格的问题：“如果一家店会说话，它会对进店的人说什么？”

塔丽唯尔 2.0 有许多话要说，因为它装修别致，色彩斑斓，引领时尚，同时具备孩子气和迷人特征。我不想塔丽轻蔑地跟顾客说话。相反，我希望塔丽与喜欢泰迪熊的女孩直接对话，同时还让她把目光放在未来的国际性时装表演上。我们的想象力是否同时反映了品牌和顾客的思维模式？先吃些甜点。在塔丽唯尔新开的旗舰店里，实木地板上，摆着绿植、覆盆子、浅绿色地毯、粉红色软垫椅，到处洋溢着性感、梦幻和少女气息。特意制作的复古设计，包括爱尔兰和苏格兰买来的厚面椅子。这些椅子舒适传统，同时又像奔放的歌剧女主角。这个梦幻性与功能性的结合体让青少年顾客安心，他们还在一个安全的家庭环境中，但也留在一个梦幻的剧场里。我们还在店里建了一个“好友区”，里面放了一张大床，女孩们可以在那里休息、放松和发短信。我们甚至还放置了手机数据线和充电器。这样，女孩们在买完衣服钱，就没有明显的理由离开塔丽唯尔。

研究完成千上万张自拍照片后，我发现今天的少女们强烈希望成为自己生活圈的明星。因此，每家商店每间屋里的天花板上都有镜头，给每位塔丽的顾客造成错觉，她们是自己生活的女主角。店里的墙上，到处都挂着塔丽唯尔的兔子标志。上面有圆点花纹的兔子、浮雕吊坠形的兔子、维多利亚风格的兔子，以及像是安迪 · 沃霍尔[①]画出的兔子。

我还决定，在店里营造一种讲故事的氛围。店里放了一个小书架，上面摆着大大的精装书，书名是《游猎》。书架旁边放着一双亮色的鞋子。为什么？从某种方式看，塔丽唯尔的顾客们正在私人游猎，寻找一双理想的鞋子。“游猎”的概念履行了他们的使命，暗示他们可以走过店里的每一寸土地。

但是，我要把最好的留在最后。

多年来，我常常会花几个小时的时间，观察更衣室外的情况。我注意到，女孩们一般两人一组挤进小隔间里，最后空着手离开。我还发现，她们的男朋友站在外面等候。面对女朋友没完没了的试衣服，一遍遍问“你觉得怎么样”，他们显然生气了。塔丽唯尔的新试衣区像个糖果乐园，每个试衣间都刷了红、绿、橙、黄、蓝等不同的颜色。我在试衣区外创建了一个“停留区”。男朋友可以留

---

① 安迪 · 沃霍尔，被誉为20世纪艺术界最有名的人物之一，是波普艺术的倡导者和领袖，也是对波普艺术影响最大的艺术家。——译者注

在这里看着女朋友，不用不耐烦或吓人地走过去。但是，试衣间里是魔力和时尚趋势发生的地方。在塔丽唯尔董事会的支持下，我设计了“虚实整合”型的试衣间。具体说来，就是在每个试衣间里，放置一个联网的大落地镜，只要用手指轻轻一点，就可以把它直接变成一个大型的电脑屏幕。如果女孩独自或由朋友陪着走进试衣间，穿上一件衣服，可以输入自己的脸书用户和密码，实时链接最亲近的朋友，在摄像头前一件件地试穿衬衫、裤子和鞋子，开始一场“投票仪式”——即时接收朋友的反馈，评价她穿什么好看，穿什么近乎理想。简单说来，我两月前观察到的神秘早晨仪式，再结合线上线下，添加到了塔丽新试衣间的设计上。

在塔丽，我们成功创建了一个时尚殿堂——休息区里不仅提供充电器，还拥有维也纳最快的网速。塔丽唯尔 2.0 发行后，这个品牌几乎已经克服了它的时尚危机，收入得到了显著提升。塔丽唯尔在脸书上的粉丝数是以前的 4 倍。但是，更重要的是，实体店的角色被重新定义了。今天，奥地利少女成群结队地来到塔丽的试衣间。早上 6 点 19 分在家的私密聚会，延伸到一天剩下的时光里。她们通过向脸书的朋友发送自拍照片，创建了塔丽的品牌，也创建了自己代言的品牌。有个女孩跟我说，新塔丽“令人激动”。还有个女孩之前给这家店打 3 分，现在她打 9 分。她还说：“它现在那么耀眼，让人无法忽视。”简单说来，（无论女孩们还有没有面霜），这家店都值得喝彩。

Small Data

The tiny clues that uncover huge trends

| 第七章 |

没有床罩的卧室

用烧纸、仙尘和玩具汽车解密中国“质量”的意义

西方人去第三世界国家旅行，回来几乎都是一种印象。他们说，危地马拉、菲律宾和秘鲁这样的地方资源较少，物质匮乏。尽管如此，那里的人似乎比西方人拥有更多“快乐”，也更加温和友好、热情好客。对我来说，这对第一世界外的人来说，西方观念中的“快乐”是多么不重要。如果你问生来贫苦的人是否快乐，大多数人的答案既不是“快乐”，也不是“难过”。他们只是过着自己的日子。他们最关心的就是努力工作、准备一日三餐和照顾家人——排名不分前后。

多少世纪以来，作家和哲学家从释迦牟尼，到希罗多德，再到亚里士多德，一直在创作中思考快乐的意义。但是，值得注意的是，根据《哈佛商业评论》的报道，西方的快乐产业既不是一种内在特性，也不是对生命的希望，而是“一种现代历史的人为产物”[1]。250年前，启蒙运动结束几年，对快乐的期待开始成熟。之前，即使西方的生活也是极其严峻的。直到19世纪中叶，追求快乐才成为一个真正的目标，不快乐也变成一种急需避免的痛苦状态。

19世纪，工作场所转移到家庭外，对快乐的追求也开始大放异彩。根据《哈佛商业评论》的报道：“妻子和母亲必须营造一种快乐的气氛，犒赏努力工作的丈夫，培养优秀的孩子。”[2]如今，快乐已经演化成西方特有的现象，甚至成了一种命令，在美国尤其如此。毕竟，发明笑脸符号的是一位美国广告经理；发明电视笑声音轨的是一位美国音响师；推出“快乐套餐”的是一家美国公司——麦当劳。

讽刺的是，我们坚持每时每刻都快乐，恰恰给我们带来了不快乐。如果一个人不能像别人一样富有，获得满足，往往会给自己制造恐慌。网络的出现，当然也没起到好作用。我之前说过，如果一个国家透明程度很低，会对国民幸福度直接产生负面影响。一个国家的财富与稳定，也不会对国民满意度产生积极影响。每年，联合国可持续发展解决方案网络组织都会推出《世界幸福报告》，评估一个国家的总收入、就业率、生活标准、身心健康和文化稳定性。2014年，世界“最幸福的国家”[3]前三名分别是瑞士、冰岛和挪威。同一年，盖洛普民意测验从另一个角度出发，询问了143个国家的成年人：“在接受测验前一天，是否有过积极的经历？”这些经历包括大笑、微笑、感觉休息很好、感觉受到尊敬，甚至包括做了有意思的事。在排名前20中，没有北欧国家，也没有美国。相反，这些国家主要集中在拉丁美洲和中美洲，包括巴拉圭、巴拿马、尼加拉瓜、厄瓜多尔和危地马拉。[4]在名单最后，“积极经历”最少的是中东人和非洲人。盖洛普调查专家指出，“积极情绪少”不一定就代表“消极情绪多”。比如，报告显示，俄罗斯人是世界上积极情绪最少的国家之一，也是消极情绪最少的国家之一。为什么？有一种说法认为：“之前的盖洛普测验就显示，这里的人本来就没有很多情绪——无论是积极情绪，还是消极情绪。”[5]

我对快乐的定义？在过去的一年中，一个人难忘的天数，通常与他/她经历“转变区”的次数一致——度假、生孩子、第一次送孩子上大学、第一次骑自行车、第一次尝试滑翔。快乐不应该进行线性评估，而应该看成是“许多瞬间”的集合。

有时，通过环游世界，发现人们的欲望，创造一个新品牌，为产品寻找解决方案——这是一件充满挑战，也充满机遇的事。1995 年左右，大多数中国人买不起一辆汽车。自行车是唯一的出行手段。汽车是一种代表地位的标志，也是遥远的西方定义的幸福。现在，中国的自行车少多了。而中国成为世界上最大的汽车市场。

所以，当一个中国的主要汽车生产商问我，能不能在国内外帮他们“创建”一个中国汽车的概念时，这既是一种尝试，也是一个机会。与欧洲汽车品牌相比，“中国制造”汽车缺少什么因素？如果中国汽车与欧洲汽车有着同样的特色和标配，那么西方汽车为什么比中国汽车畅销？甚至在中国，西方品牌对中国品牌的比例也是 3 ∶ 1？

来中国工作前，我就遇到了一个难题：在品牌创建中，过分强调理性思考，就会忽视情感因素。中国公司的理论大概是：产品就是品牌，品牌就是标志，只要标志著名，顾客、效率和收益就会随之而来。这样有趣的逻辑形成于 2001 年。当时，美国的第一家苹果商店刚开张 72 小时，中国就开了第一批“山寨苹果店”。中国“苹果店”员工完全模仿美国苹果店员工，身穿带有标志的蓝绿色T恤。只是有一个问题：中国的“苹果店”与苹果公司没有任何联系。他们不卖电脑，而是卖冰箱、洗碗机、吸尘器和其他家用电器。然而，每当我来中国工作时，都会面对这个核心问题。在中国，功能远比情感重要，“蓝色脚本”远比“绿色脚本”重要。许多公司和产品都为此付出了代价。

每个成功的品牌都超越了品牌本身的含义，这就是情感。一个伟大的品牌预示着希望，会传播爱、愿望、浪漫、认可、奢侈、年轻、精准性、冷静情绪或高端技术。举例来说，假设你眼前放着几乎完全一样的两辆车——同样的颜色、同样的引擎、同样的设计、同样的质量——只有一个小细节不一样：第一辆车是德国制造，第二辆是匈牙利制造。你会选哪一辆？我猜，大多数人都会选德国车，因为他们会联想到德国的工匠精神和细节关注。接下来，想象你眼前摆了两瓶等价的香水。第一瓶的标签是德国、罗马和棕榈滩。第二瓶的标签是奥尔巴尼、纽约、曼彻斯特、英格兰和澳大利亚的邦邦镇。哪瓶香水传达了你期待的情感价值？

城市与国家作为一个品牌，与其他品牌也没什么区别。我不得不承认，我接受这个汽车计划前，中国有着严重的品牌建设问题，甚至包含许多当地的品牌。

为了举例说明两个成功的品牌，我们来看看伦敦和巴黎。对外国人来说，伦敦唤起了各种文字和感觉——这些元素包括大本钟、雨水、温斯顿·丘吉尔、甲壳虫乐队、白金汉宫、女模特崔姬、茶与烤饼、碰撞乐队、威廉王子和凯特·米德尔顿、滚石乐队、哈利波特、板球运动。同样，巴黎能唤醒浪漫，催化剂是爱情、葡萄酒、芝士、长棍面包，还有埃菲尔铁塔、卢浮宫、塞纳河，以及歌手伊迪丝·琵雅芙、哲学家让-保罗·萨特。从品牌营销的角度看，无论日常生活实际上是怎样的，伦敦和巴黎都是现实版的《大而不倒》。

我受邀为一个国家或城市打造品牌时，很少见到这样的情况——可在这种情况下，你为什么还要找营销顾问？一个国家的“品牌”聚集了它全部的社会、政治和文化历史，包括战争、音乐、体育、气候、领袖、地理、隐性传统和民族性格。随着时间的推移，它们逐渐融合在一起。伦敦离不开大本钟和雨水，就像巴黎离不开爱情和食品一样。从知名度上说，要了解一个“大而不倒”的国家，就要懂得“精简的力量”——在人满为患的信息时代，精简变得尤为重要。

与所有大品牌一样，世界上知名度最高的国家和城市，不是一两句话能说得清的。当我们想到理查德·布兰森，就联想到反叛，奥普拉·温弗瑞代表同情心，苹果品牌激发创新意识。国与国之间没什么区别。有些国家或缺乏一两个关联词，或建国时间短，或处于动荡间，或正在经历战争，或正在遭遇社会经济危机，或者还没有打开名气。它们都面临一个巨大的挑战：怎么创建一个品牌？20年前，我第一次去迪拜时，就遇到了这个问题。

自从20世纪60年代发现石油，迪拜一直发展缓慢。1997年，迪拜与其说是一个现实中的城市，不如说更像一个梦幻城市或概念城市。那里大概只有三四栋高楼，没有商店，没有高速路，没有沙滩，没有摩天大楼。迪拜能成为我们今天熟悉的样子，大概是因为马基德·阿尔·富泰姆的构想。他20世纪90年代去日本时，看到一个滑雪胜地，受到了启发。他决定在这个阿拉伯沙漠的中部地区，建造他自己的室内滑雪道——迪拜滑雪场。滑雪场建在一座室内雪山上，一共有5个滑雪道，长400多米。迪拜滑雪场一夜走红。它告诉马基德先生和当地其他开发商，大胆创新可以带来变化——在迪拜的例子中，从 0 到 1 的突破，打造了一个国家的名气。在当地建筑商和企业家中，迪拜滑雪场造就了一个沉默的竞争法则：谁能在最短的时间内，打破最多的法则？

今天，迪拜成了全球商业中心和广受追捧的旅游胜地。迪拜拥有大约 600 个建筑、商场、酒店和摩天大楼，人口大约 200 万。96% 的迪拜人出生在国外。迪拜的超市里，可以找到大约 16 个国家的专属食品饮料（单是大米的种类就有 100 多种）。大多数移民来迪拜的人从事金融和建筑行业，他们主要看中了这两个产业不缴企业所得税。而且，2002 年迪拜通过了一项土地改革法，允许外国人在当地购置不动产。

跟拉斯维加斯一样，迪拜是一个 21 世纪的新兴城市。它的使命似乎是成为世界上第一个最高、最快、最大、最华丽、最惊人的国家，并以此闻名于世。迪拜拥有世界上最高的摩天大楼哈利法塔。“世界上最奢侈的酒店”、朱美拉集团旗下的七星酒店阿拉伯塔位于一个人工岛上，远眺阿拉伯湾（不用说，七星是一个世界其他地方都没有的评级）。迪拜拥有世界上最大的商场、花园和一级方程式赛车场。迪拜的阿联酋航空是第一家提供机上套房、淋浴和迷你酒吧的航空公司，头等舱直接通往候机室。为了抵御沙漠气候，迪拜成为第一个在沙漠和游泳池中安装冷却系统的国家。迪拜到处都是出售金条的自动售卖机。真有人从自动售卖机买过金条吗？可能没有。不过，重要的是创意和品牌。

几年前，我在迪拜做过一次有关“国家品牌建设”的演讲，听众是一大堆旅游和营销官员。当时，我指出世界上最强大的国家品牌可以总结为一两个词。后来，吃午餐时，一位女听众问我，迪拜的这个“品牌词”是什么。这个问题让我有点慌乱。我告诉她，国家品牌的创建需要花费几年、几十年，甚至是100年的时间。尽管迪拜发展迅速，但还很年轻。她还是坚持要问，我只好投降了。迪拜大约花了17年时间，从一个沙漠绿洲，发展成现实版的“奥兹国”(《绿野仙踪》中的神奇国度)。基于在迪拜的旅游工作经历，我想出了一个褒贬参半的词——“人造国度”。

不要忘了，无论从正面看，还是反面看，当两个毫不相干的事物结合起来时，我们的大脑就会形成一个躯体标记。一个国家要创建一个品牌，通常要花费几年时间。但迪拜证明，只要躯体标记运用得当——沙漠中的滑雪场、七星酒店、卖金条的自动售卖机——国家就能在更短的时间内完成品牌创建。

我们再举个例子。几十年来，澳大利亚都以几个名词和形象著称：袋鼠、考拉、回飞镖和土著居民。这些标志没什么问题，只不过，袋鼠、考拉、回飞镖和土著居民只是间接相关，由异国的“差异性”联系起来。

澳大利亚重新成为旅游胜地，可能始于 20 世纪 80 年代中期电影《鳄鱼邓迪》的发行。电影主角是一个丛林人，他能根据太阳位置推断时间。他不爱表达，做事冷静，精力充沛。在纽约，面对两个持水果刀的抢劫犯，他掏出一把大砍刀，对他们说：“你们那不叫刀——我这才叫刀。”无论是以前，还是现在，后续的营销策略都要联系一个事实：澳大利亚的夏至是在 12 月末。也就是说，澳大利亚夏天时，大多数西方国家都是冬天。于是，澳大利亚就围绕冬日度假，推出了一系列营销策略。在圣诞时分，澳大利亚广播公司会拍摄视频。视频上展示的，是在悉尼邦迪海滩上，古铜色皮肤的男模特和身穿比基尼的女模特戴上圣诞帽，庆祝节日。那片海滩很受冲浪爱好者、滑板爱好者和排球运动员的欢迎。圣诞节和新年那周过得很慢。澳大利亚广播公司会向全世界的新闻渠道提供免费视频。除了萨摩亚和新西兰的几个城市，澳大利亚也是第一个迎接新年的大陆。悉尼是个适合摄影的城市。每年的烟花展都会在悉尼大桥和悉尼歌剧院边进行。拍摄的视频也会免费提供给全球的新闻社。

如果一个城市或一个国家，要花几年才能形成品牌认知，那么一个国家想克服消极躯体标记，也要花费很长时间。例如，越南以海滩、公园、博物馆、购物和形体美著称。可是，几代美国人一想起越南，就会忍不住联系上颇受争议的长期战争。南美洲的哥伦比亚是世界上最漂亮、最稳定的国家之一，却仍在极力摆脱绑架、谋杀和毒品暴力对它的国际影响。我有时候在想，为什么哥伦比亚旅游局不好好利用最积极的联想之一咖啡？为什么它不与星巴克合作，用哥伦比亚咖啡豆做一个店内广告？我以前提到过，在麦德林市的山边上，建有世界上最长的电梯。为什么哥伦比亚不像迪拜推销室内滑雪场那样，宣传自己的电梯？

还有，不要低估电影的影响。新西兰总体上是个没有品牌的国家。可是，2001 年彼得 · 杰克逊推出电影《指环王：护戒使者》后，它的旅游业增长了 50%。现在，新西兰海关会在入境游客的护照上盖上“欢迎来中土世界”的邮戳。政府还发行了带《指环王》角色名的邮戳。

我第一次去上海时，住进了一家柏悦酒店的高层房间。当时，落地窗上遮盖了白蜡色的光面窗帘。过了一会儿，我意识到，窗户上挂的根本不是窗帘，而是厚厚的雾气。站在88层楼的窗边，什么也看不到了。浴室的自来水有一股化学味道。我走到门外，空气中有一股淡淡的金属味。

中国是世界上产生污染物最多的国家之一。2/3的中国大城市都达不到最低环境标准。[6]

近年来，“雾霾”越来越引起政府的重视，在污染最严重的时期，学生被要求待在室内进行课间操。由于对空气污染物的普遍担心，北京英国学校和其他国际学校在校园中安装了密封圆顶，配上了医院等级的空气过滤系统。[7]2014年，参加北京马拉松的一些选手直接中途放弃了，“有人说，就好像在浓烟中跑步”[8]。于是，中国最新的产品趋势自然变成口罩、止吐药、滤水器、高端空调系统和空气质量手机应用。最大的污染物是煤。中国烧的煤比美国、欧洲和日本合起来还多。中国烧煤释放的二氧化硫和一氧化氮，可以飘到日本、朝鲜和韩国。根据《纽约时报》的报道，第二个元凶是越来越多的汽车、拥堵的交通和低标准汽油。[9]

我之前说过，中国是世界上最大的汽车市场，每年的汽车产量超过美国和日本的总和。中国法律规定，海外汽车品牌为当地生产汽车时，必须和中国生产商合作。大多数中国制造的汽车，都是与国际品牌合营的产物。2010 年，中国汽车企业——吉利汽车收购了沃尔沃——今天，许多沃尔沃车型是在中国生产的。并且，四年后中国国有企业——东风汽车——向标致雪铁龙投资了 10 亿美元。

那么，问题来了。中国汽车销量中，现代和别克等全球汽车生产商和品牌占到 2/3。这样，中国品牌的汽车在当地占有的市场份额只有 1/3。连中国人都认为，当地汽车品牌不如欧美品牌。所以，一般来说，中国汽车生产商的大部分收入，都是通过向其他发展中国家出口实现的。在那里，低价比品牌和传统更重要。对中国买车人来说，西方品牌代表两个特点：愿望和信任。比方说，一台苹果手机大约价值 600 美元。大约有 1/3 的苹果手机卖回中国。尽管苹果总部位于北加州，但它几乎成了一个中国产品。苹果手机能为中国人带来炫耀感。同时，苹果公司的美国渊源也平添了异域风情。

如果苹果起源于中国，就不可能产生这种效果。一个西方品牌的产品可以保证，一台手机或一辆车不仅是真实存在的，还能带来满足感。

相比之下，历史上中国人就怀疑中国制造的产品，尤其是高价产品，无论是汽车，还是婴儿配方奶粉。污染影响了人们的日常食品，尤其是婴儿配方奶粉。所以，中国游客到了意大利，会到超市排队买国际配方奶粉带回国。这种现象已经演化成一个问题，所以许多澳大利亚超市限制一次购买的奶粉数量。因此，只要中国人可以买到可靠的品牌——比如一个欧美的标志，他们会更加相信，自己买到了高质量的产品。一辆“中国制造”的汽车就不像苹果手机，显示不出任何时尚特点。如果你是个成功的中国商人，为什么要开着一辆国产车？中国是个骄傲的国家。中国人要向全世界证明自己，而没有什么能比他开的车更能展现一个人的身份了。

一半以上的中国人口住在城市或近郊。在北京、上海和许多其他城市，你会看到几千栋千篇一律的功能性公寓。一般情况下，中国公寓能住 25~30 年，而美国公寓则可以住上 70~75 年。[10] 墙壁是一片白色，地板使用人工合成材料，几乎每一间家居都包裹在人工合成材料中。我不由得想起我在沙特的工作——只是在中国，没有埃菲尔铁塔，也没有伦敦桥，只有台灯、桌子、椅子等一件件物品，掩盖在合成材料之下。

要是把我的工作给你，你很快就会发现，一件物品越“个性化”，就越能显示关于主人的真相。我们拥有和使用的最个性的东西是放进体内、放进嘴里和人体吸收的东西——食物、饮料、药丸、牙刷，甚至是空气。在这样的影响下，一根香蕉会比一双鞋更具有“个性”。同样，一份冷冻快餐比一件外套、一顶帽子或一副手套更具有个性。在这种情况下，中国人行为最关键的线索——中国人怎么评价产品或服务的质量——源于一支牙刷。

一般情况下，如果牙刷摆在支架、杯子或广口瓶里，主人的性欲就不太旺盛。如果主人比较浪漫，他们的性生活会高度结构化，不太习惯自发性或创新。几年来，我把这种情况称为“相约性行为”。我发现，在俄罗斯，只有30%的牙刷是立着放的。在法国和意大利，也是类似的比例。需要补充的是，把牙刷头朝下放的主人，通常性欲更旺盛、更冲动、更不喜欢拘泥于事先安排。可是，我拜访的前七八栋公寓，牙刷不是立在杯子里，就是放在支架上。3

周后，我把照片贴在公告板上，汇总了数据。10 个家庭中，有 9 个属于“相约性行为”的情形。

我注意到的不只是牙刷，还有毛刷。毛刷的磨损表明了每天都在使用。不过，中国人的毛刷有一点区别：在毛刷中间，没有一条凹痕。中国人的牙刷通常都没有凹痕吗？不对，我去过几家杂货店和市场，我知道中国卖的牙刷跟世界其他地方都一样。牙刷只是摆设，不是每天用的吗？不对，牙刷杆的磨损程度说明，牙刷是经常使用的。

全世界的刷牙方法都是一样的。几年来，我发现无论文化、宗教和年龄，刷牙是少有的全球化行为，这个发现很有意思——而且，根据我自己的民意测验，4%的全球人口在冲澡时刷牙。我还注意到，边洗澡边刷牙的人比大多数人都有创造力。他们的大多数创意，都是在淋浴下或接触水时想出来的。而且，在每个国家，刷牙的时长、握住牙刷柄的力度、按压刷头的力度都不相同。那么，毛刷的凹痕是怎么回事？在征得同意后，我观察了几位中国顾客怎么刷牙，立马豁然开朗。在西方世界，人们会把毛刷使劲按在牙齿上，似乎认为，用力越大，刷出来的牙齿越白，他们的笑容也就越灿烂。但在上海，完全是另一派光景。中国人分开嘴唇，把牙膏涂在毛刷上，对着牙齿前方刷起来。这时，中国人和西方人一样用毛刷刷牙。但是，中国人会快速摆动双手，双臂也跟着上下摆动。

我发现了有关中国感知认识的第一部分小数据。我提醒自己，牙刷本来是中国人在 1498 年发明的。所以，我就自作主张地认为，这条线索可能已经生长在中国人的血液中了。基于这一点，可以进行一次大胆的假设。

在浴室，我第一眼看到的是肥皂。这代表什么？沐浴液在 20 世纪 90 年代成为流行。相比之下，用肥皂洗手和洗澡反过来降低了感官享受。肥皂本身当然不会有什么影响；有几个世纪的时间，人们都是用肥皂洗澡，然后亲热。但是，肥皂加上立放的牙刷，成为我观察的主题。我主要关注的是动机和速度。我知道，一走进中国人的卧室，就开始步入研究的正轨。

许多业余侦探会告诉你，发现缺什么东西，比发现多什么东西困难。 而且，不仅每一个中国浴室都有一块肥皂，每一张中国人的床上也都没有床罩。床单？有。薄毯？有。枕头？有。床罩呢？没有。而且，这个现象几乎没有例外。没有床罩这件事本身没什么不寻常。但是，考虑到中国每天都要奋力抵御污染——遮住口鼻，学校和体育中心单独设立防雾霾装置——没有床罩这件事让我很惊讶。换句话说，如果把床比作人的手，手套在哪里？毕竟，人的皮肤可以分为三层。表皮使皮肤可见层呈现浅粉色，并不断产生新细胞。表皮下面是一层厚厚的真皮层，分泌汗液和油脂，并连通血管。皮肤第三层是皮下脂肪，负责调控皮肤温度，将真皮、肌肉和骨骼联结起来。一张床也像人手上的皮肤一样，也由许多层组成。床垫上面是床罩，接着是床单、毯子，偶尔还会有棉被或羽绒被。这些物品都有自己的作用——慢慢地吸引人睡着、制造浪漫或准备性爱，这也不是一般的文化差异。我发现，根据在日本和泰国的研究，在亚洲其他地方，床罩是很常见的。

中国人的肥皂、牙刷、刷牙习惯、没有床罩，加在一起，将我引向了同一个结论，或者同样的几个词：直接、快速、当下。有一家人邀请我去当地的饭店吃饭，饭店位于内蒙古满洲里，靠近俄罗斯边境。这家饭店以优质的食品和服务著称。不过，从它冰冷的灯光，你是怎么也看不出来的。我们在一张桌前围坐下来，桌子中间是一个旋转的转盘——有点像餐桌转盘——要是有人点了菜，服务员就把菜放在转盘上。

那顿饭令人难忘。那家人很快点完，菜立马就上了。他们像玩轮盘赌一样转动转盘。每个人吃饭时，都争当第一个吃完的，好像会获奖一样。中间没有停顿、间隔和暂时休息，即使谈话，也超不过一分钟。从我们坐下，到我们离开，一共花了不到 45 分钟。

对于感官享受，中国人似乎有着截然不同的定义。在世界其他地区，感官享受似乎等同于温柔、奢侈、缓慢和期望。有没有哪个时间段或在哪个地方，中国人是不匆忙的？提起中国汽车，与其说是汽车，不如说是公寓的附属品。在大多数中国车上，都有许多反映家庭内部的功能性元素，包括垃圾袋、小电冰箱，以及支持 12 伏电源系统、让司机途中煮水泡茶用的小茶壶。中国家庭通常还会随身携带吃的，开车或坐在后座上时会吃东西。

我决定做一个简单的试验。在接下来的几天，我访问了三四家当地的博物馆，包括一家玉器博物馆。在中国，玉器是最贵重、最受尊重的宝石之一。参观全世界任何一家博物馆，你很快就会意识到，观展者穿过走廊和展品时，走得有多慢。（可以说，我们走路时，是怀着对周围艺术品质量和美名的一种崇敬。）有一次，在巴黎莫奈博物馆，我观察了72小时内观展者的行走速度。游客们每小时大约行进3英里。注意，这是平均速度。但是，在北京的玉石博物馆，观展者的速度大约为每小时四五英里。日本也是一个喜欢快、不喜欢停留的民族。但是，中国人的行走速度比日本人还快。

谈到速度，我要再提一个词：转换。哪怕是在转换过程中——在餐厅吃饭、去博物馆参观、刷牙或冲凉——中国人也不会放慢脚步。汽车就是他们的迷你客厅和迷你厨房。甚至连看场电影，也会变成一次快速计时。电影快开始时，一些影院会调暗头顶的灯光，以极慢的速度拉开幕布。中国电影院就不会这样，在我去过的五六家北京影院中，幕布会像地铁闪光器一样拉开。

只有在一种情况下，中国人才会停下来，那就是遇到最重要的假期。

在北京时，我采访的一家人邀请我参加一个全国性节日——清明节。清明节，也叫扫墓节，定在每年的春天，过完春分的两周后。在清明节，在世者要去祭奠先人。他们会修整或美化墓地，在墓地和骨灰匣壁龛周围踱步，以青团为食。同时，他们还能感受春日的温暖和色彩。有人会放风筝，风筝的形状多选自中国著名戏剧中的动物形象。还有人会烧香，放爆竹。大多数人会撒一堆冥币，祭祀食品、茶水和酒水。中国人认为，即便他们死后，也会需要这些东西。猪形、蛇形和山羊形的风筝在天上飞，纸糊的手机、钱包和汽车在地上烧。

我看着人们到达地点，走向墓地时，他们的肢体语言和行为似乎都变了。带我去的那家人放慢了脚步。小心地相互对话，态度比以往都重视。这只是因为清明节的肃穆和仪式吗？

获得允许后，我开始录下这家人在清明节和之后的样子。回到酒店，我用小数据分析法研究了视频。我跟踪并测量人们从下车，到穿过墓地大门的步速。在墓地大门口，他们的速度甚至更慢了。那家人尤其激起了我的好奇心。即使他们离开墓地，走向汽车时，也没回到以往的步速。那一天，他们走路、开车、做饭和对话的速度都放慢了。

中国有许多类似的节日，其中包括北京的五显财神庙庙会。在庙会上，中国人一起去拜神祈福、烧香、祈求好运，购买精心设计的汉字贴纸，以求好运和福气。在元宵节，许多动物形状的红灯笼会放到天上，预示着辞旧迎新。似乎只有在这些国家节日，中国人才会放慢脚步，而不是像他们平时那样，一直在赶。

结果表明，速度是理解中国的一个关键。速度代表一种失衡，一种夸张。对我而言，这暗示了几件事。最主要的是，中国转变的机遇很少。

这里的“转变”是指一些关键时刻。在那些瞬间，我们要“变成”另一个样子，并影响我们的所见所闻。就像清明节时，中国家庭都要降低步速，甚至降低语速一样。通过清明节，我获得了另一个线索，更接近了中国人的民族特点。他们燃烧的冥币，代表了他们最重视的东西：物质。

21 世纪初的观念转变激发了我的兴趣。部分原因是，智能手机和电脑的出现，正在慢慢减少我们逃离的机遇。生命中的转变机遇越少，我们就越渴望它。一辆车可以成为一个转变区，还有咖啡店，还有把你从大陆带到小岛的渡轮，还有看电影，还有长途骑行、喝酒、吸毒，甚至冥想都能变成转变区。但在一个数字时代，转变的机遇正在逐渐减少。由于手机的存在，我们从来没活在当下，从来没法独自待着。我们自己去咖啡厅时，其实也是在电子设备的陪同下。我们关过电脑或手机后，哪次是不再重启的？我们问自己，反正明天还要打开，关掉有什么意义吗？由于手机的存在，我们大多数人早上一睁开眼就“开始工作”，睡着了才“停止工作”。只有在途中，我们才会关掉手提电脑。我们始终生活在相同的时代和情感环境中。它既不是工作的时代，也不是休闲的时代。我们既没有在办公桌前，也没有正式下班。

经验告诉我，中国人与日本人一样缺少转变。几十年来，日本人一直在与人口密度问题做斗争。东京的火车上人满为患，人行道非常拥挤。甚至回到家里，也几乎没有空间和隐私。那么，日本人到哪儿寻找空间？我第一次发现中国人偏爱速度时，是在哪儿？答案是两个地方：东京和巴黎的迪士尼。21 世纪初，我在为法国迪士尼乐园做咨询工作。

欧洲迪士尼建于巴黎郊区。1992 年，它一对外开放，就立马成为众矢之的。一些法国评论家发现，它是美国文化帝国主义和消费主义的标志，有人甚至称它为“文化上的切尔诺贝利”[11]。欧洲迪士尼经历了一次罢工，一次衰退期，以及几次由于售票过少造成的经济困难。迪士尼享誉世界的“魔法”似乎消失了。这时，管理层联系上我，看我能不能扭转迪士尼螺旋式下降的局面。

采访完几位欧洲迪士尼的游客，我很快发现，“魔法消失”其实源自缺少转变。我不自觉地发现，这样明显的停滞状态，与欧洲的信教状况一样。我拜访了德国、法国和意大利的天主教和新教教堂。然后，我开始认为，历史上宗教赋予教民的信念和转变，现在已经远远不够了。至少在欧洲，教民穿过教堂时，与逛菜市场和商场的速度几乎一样。圣地无法让人放慢脚步了。也就是说，宗教不能再创造一定的具身认知、空间、崇敬、沉思和敬畏感了。

信教人数的减少，为其他渠道带来转变奠定了基础——这种认识使我再次带着迷信，开始了欧洲迪士尼之旅。

给我带来启发的，是詹姆斯·马修·巴利的《彼得·潘》中的精灵仙子小叮当。我们带回的迷信工具是“仙尘”。我们拿出装着彩色粉末的小袋子，给迪士尼的演员。演员们把袋子递给游客，让他们闭上眼睛许个愿，把仙尘撒到睡美人城堡边的池塘里。仪式很简单，只要往水里撒点红黄蓝色的粉末就行。但是，这样的效果依然很明显，成千上万的欧洲迪士尼游客开始往池塘里扔仙尘。但是，我很快注意到，不同国家的游客，也会有不同的表现。例如，美国人抓起仙尘投向池塘时，眼睛是半闭半张的。日本游客只拿一点，优雅地投入池中。据我观察，在所有国家中，中国大人和孩子会抓一大把仙尘，赶紧撒进池子。在我的印象中，他们似乎太过渴望转变，进入一个完全改变自己的理想区域。

我之前说过，当我帮忙洛斯超市扭转局面时，用到的策略之一，就是让顾客回归童年时代。我们内心深处，都有许多不同年龄段的自我。首先是我们的实际生理年龄。然后，就是我们的心理年龄，代表我们内心的情感年龄。我把这种“情感年龄”称为另一个自我。每当我主持股东会时，我都习惯记下来。会议室坐满了五六十岁的商人。为了避免像个小孩子，他们悄悄溜进公司办公室。我关注的是他们大概的心理年龄——对大多数而言，这个年龄大约在 18~26 岁——这时，我的恐惧或不安都消失了。

我们周围 50 岁的人，谁“看起来像”50 岁？几乎没有人。在品牌建设中，有一条优秀的经验法则是，永远要跟顾客的另一个自我交流——尤其是，我意识到，这条策略还可以帮助解决中国汽车的挑战。

决定一个人心理年龄的因素是什么？根据我的经验，我们的心理年龄与我们第一次感受到解放和自由是直接相关的。那个时刻可能是我们第一次离家上大学，第一次自己租房住，买到自己的第一辆车。我 12 岁时，开了自己的广告社。所以，大多数时间，我都从一个 12 岁孩子的角度看待世界，这也没什么奇怪。我认识一位 47 岁的男人。他告诉我，他的心理年龄是 40 岁。我问他原因，他告诉我，他遇到妻子，两人结婚，后来搬进梦想中的房子时，他才感受到真正的解放。当时，他大约 40 岁。你注意过商人携带背包的吗？它表明，他们的另一个自我拒绝了商业世界的典型道具，想展示年轻的一面。

我在工作中，用过许多次“另一个自我”的概念。最典型的是我在为高科技吸尘器Roomba的生产商iRobot做咨询工作时。1990 年，来自麻省理工学院计算机科学与人工智能实验室的 3 位机器人专家创建了iRobot。这是一家位于英格兰的机器人公司，推出了家用自动机器人Roomba，针对硬质地板的机器人Scooba，还制造了警察与军事机器人部队，供美国军队在伊拉克、阿富汗和其他地方调配。到 2002 年，iRobot已经卖了 1000 万台Roomba。但是，不知道为什么，销量开始停滞，公司就请我创建一个总体的品牌策略，调整iRobot的布局——iRobot是一个黑色充电圆盘，滑过地板吸尘——是真空吸尘器的一种高科技替代品。

我一开始做潜台词研究，就发现了几个真相，其中一个就是Roomba核心粉丝的狂热。用户一旦“体验过”Roomba，就会成为终身品牌大使。他们与Roomba关系亲密，把它当成家人。许多Roomba被起了名：小白、大红、点点之类可爱的名字，都出现了。消费者喜欢Roomba滑过地板的嗡嗡声，直到最后撞上墙或椅子。一位女士向至少20位朋友推荐了Roomba。她还表示，她甚至经常轻松地谈起iRobot和Roomba。

如果大多数心理学家认为，自我认知是思维的产物，那么，我们同时在经历三个过程：表明我们是谁；表达我们认为或希望自己是谁；最后，表达我们想让别人怎么看待我们。我们谁都不会一起床就穿衣服或做事；我们每个人都是一种刻意自创的产物。当我去纽约和新英格兰家访Roomba的主人时，这一点体现得就更明显不过了。

在马萨诸塞州波士顿的郊区，我与一位名叫吉姆的35岁男人聊了聊。几分钟后，我注意到，吉姆在露天阳台上安装了水培植物系统，从客厅就能清楚地看到。吉姆告诉我，他栽培阳台花园用了多久。不过，他承认，每年只能收获三四个西红柿。在另一户人家，工程师山姆在咖啡桌上整整齐齐地摆放了自己全部的科技设备。他有9个遥控器、73根二极管和11卷紧紧缠绕的电缆。在屋里的一个角落，他放了一个可移动的滚轴式小酒吧，里面可以酿造啤酒。后来，山姆向我坦白，他很少喝啤酒，甚至不喜欢啤酒的味道。玛姬是一位56岁的女士。她的缝纫机上放了一件针织品。“就快做好了。”她告诉我。最后，她向我承认，她已经15年没靠近缝纫机了。那么，为什么还要把它摆在客厅最显眼的位置？玛姬哈哈大笑。她也不知道为什么。

更重要的是，无数男主人的公寓被Roomba有意地布置了。一位叫理查德的男人在他客厅一角放了一篮玩具。每一年，他3岁的侄子只来一两次。于是，我就更看不明白，他为什么要长期展示玩具了——不过，我后来发现，他有自己的原因。两天后，我拜访了另一栋公寓。公寓的主人是一位29岁的“Roomba粉”，名叫斯图尔特。在他的浴室里，挂了许多笔记和标语牌，上面用法语写着各种条目的名字——水槽、马桶、淋浴。斯图尔特是在学法语，还是在记语法？不对，都不对。那么，怎么解释满浴室的法语标志？“我想学法语。”他答道。但是，我再逼问他时，发现了真正的原因。

我们家里，甚至车里和手包里都有一些变化的公共形象——钢琴、吉他、复古式美国国旗——为了激发别人的情绪反应。这标志着，它们的主人不只像职业和外表那么简单。我把这个现象叫作“打破常规”。

我第一次发现这个，是在日本。当时，我看到一位中年女性精致的手包带上，挂了一小串钥匙。我后来意识到，在日本这样一个节制、高效、结构化和同质化的国家，当地顾客展现一小串个性特征，是很常见的事。毕竟，在日本如果你跟别人约了下午 1 点见面，最迟 12 点 45 分也得到等候室。盆景树修建得无可挑剔。寿司摆得像一小件精美的艺术品。我之前就提到过，买东西时，光是礼品包装，就能花上 30 分钟。日本还是一个压抑情感的社会，许多当地人觉得，没法表达自己的创造性或想象力。

只是因为“遵守”一个词——时间——瑞士就被看成一样压抑，至少表面上是这样。瑞士火车会严格按照规划进站出站。如果瑞士人吃饭时要晚到 5 分钟，他们会提前告诉你。于是，许多外来人都说，瑞士人保守，喜欢例行公事，缺乏想象力，甚至有些呆滞。不过，我的经历却告诉我另一个故事。一方面，根据我对马桶水的分析——没错，我连马桶水都不放过——苏黎世是世界上毒品消费最多的城市之一。据我所知，苏黎世还是世界上第一个，也是唯一一个在街边修建移动小房间的城市——妓女可以在那里服务顾客——也是世界上第一个在自动售卖机销售安全套的城市。现在，除此之外，苏黎世还是世界上备受追捧的时尚之都，它是世界上知名DJ的聚集地。

日本有自己“打破常规”的方式。在东京，许多人工作忙碌一上午后，就脱掉工作服，穿上卡通套装。然后，他们跟穿戴一样的其他人一起吃午饭，再换回工作服，回到办公室。日本还是猫主题咖啡馆的故乡。人们会花费100日元，午餐时间与大猫小猫一起玩。在社会要求他们扮演的角色之下，是另一个被禁止扮演或表达的身份，这就是打破常规。

在日本，当然有许多人表达了可爱的概念。在Roomba重新发行时，可爱的特点会扮演一个重要的角色。我每次采访问到Roomba时，大多数人告诉我的都是它的功能优势。Roomba可以节约时间。Roomba让主人少了家务的烦恼。由于Roomba的出现，屋子变得更加干净了，不只是显眼的地方，还包括难收拾的角落。

但是，肢体语言出卖了受访者。他们说话时，会移动双手，抓抓后脑勺和前臂。我注意到，我让中国人坐到驾驶座上时，也是这样的动作。它告诉我一件事：Roomba可能有许多功能，但是它真正的内在吸引力是针对主人的“另一个自我”——在这种情况下，内心深处的那个孩子，长大后从来没得到自己想要的东西。

在iRobot做潜台词研究时，我经常采访的人都从事高度结构化、严谨工作和管理型工作。他们的头衔通常是律师、保险索赔理算员、销售代表和中层经理。不过，到了家里，他们一脱掉工作服，就换了一个人。为了补偿标准化、规律化的日常工作，大多数人都形成了叛逆的小怪癖——这就是打破常规的一种方式——我不由得想起了破土而出的植物——一丝丝希望、个性和自由。尤其重要的是，他们每个人都拥有一台Roomba。

不过，有意思的来了。我们大多数人都有吸尘器，至少也有扫帚、簸箕或者拖把。即使我们打算把真空吸尘器、扫帚、簸箕换成Roomba，也会把它和其他难看的家庭用具放进一个小屋里。或者，我们真会这样做吗？对Roomba的主人而言，他们的答案是否定的。在大多数人家中，Roomba是半遮半露的状态。Roomba的一半是能看见的，好像它自己想藏到小屋里或床下——但是，它在最后一刻又改变了主意。在大多数人家中，都有足够的空间储藏一个Roomba。也就是说，它消极的放置方式是故意设计的——这其实是一条主要的线索。表面上看，Roomba可能代表着清洁、高效和省时，全都由一个高科技机器套装解决。但是，消费者喜欢Roomba不是因为这个。相反，他们借助Roomba，可以在一周中打破惯有的生活方式。与卓璧思的粉丝一样，这些消费者允许一个品牌向全世界宣告，他们有趣味、有个性、富有想象力、富于变化，甚至还很可爱。

关于Roomba的主人，另一个有意思的细节是什么呢？他们许多人的宠物都刚刚去世。要不然，就是他们正打算收养一只宠物。Roomba就是在这两个时间点，进入了他们的生活。Roomba是连接昨天与今天、过去那个自我与未来那个自我的一座桥梁。

未婚的年轻人买Roomba还有一个最后的秘密：哄女人上床。我采访了许多次，花了一段时间，才有了这个发现。当然，这些年轻人喜欢跟上科技新潮流。没错，Roomba可以节省时间，一边打扫房间，一边做其他事情。但是，Roomba也是一个重要的“把妹利器”。尤其对吉姆来说，吉姆在公寓里放了一盒儿童玩具。我让吉姆按照重要性，列举公寓里最吸引女生的四个地方，他连想都不用想就脱口而出：他养的狗、儿童玩具、床上面挂的旧国旗、他的Roomba。在浴室贴满法语词“水池”“淋浴”和“马桶”的斯图尔特呢？对斯图尔特而言，这些跟吉姆的宠物狗、儿童玩具和旧国旗一样，也是为了吸引女性。因为，法语与巴黎相关联，会引发对爱情和浪漫的联想。

但是，我一直不知道iRobot哪里不对劲，直到我奔向机场，开始下一份工作——为百事可乐做潜台词研究时。到目前为止，有关Roomba的发现都让我疑惑。显然，这台机器的作用不仅仅是打扫卫生。我怀疑，有好几次，我都发现了一种感情基础，也许能让Roomba和粉丝最终结合起来。

人们常常问我，讨不讨厌坐飞机，或者长时间在飞机上待着。我的答案是，我享受的是飞行本身，而不是长长的警戒线、拥挤的机场和安检人员偶尔的傲慢。我无意间还会观察人们上飞机后的变化。要是你想理解乘客的愿望，就要像我一样，询问空乘人员的看法。与设想相反，最傲慢苛刻的乘客既不在头等舱，也不在经济舱。没错，我询问过的每一位空乘人员都说，最难伺候的乘客绝对在商务舱。

我在座位上开始疑惑，为什么飞机上的食物都不好吃？这不是我第一次这么想。是不是因为气流、迷你型烹饪设备、飞机会急转方向？我还发现，戴上耳塞式耳机后，比不戴时吃东西味道好。我戴上头戴式耳机，调高音量，打开降噪功能，可几乎没什么区别。毫无疑问，当我带上耳塞式耳机后，我的食物，甚至苏打水的味道都变好了。

接下来，我在百事可乐的主要工作是紧跟社媒消费的变化，加强品牌力量。我在全世界做潜台词研究时，不经意间发现，在只有5年的时间里，顾客关注屏幕的方式完全变了。说起来，尽管出现了平板电脑、手机和网飞公司视频网站等新平台，许多人仍然喜欢看电视。看电视的人没有减少有许多原因，但主要原因不是电视内容丰富了、电视屏幕变大了，而是因为他们喜欢听到电视的声音。根据我的经验，与其说我们是在看电视，不如说我们是在听电视。

然而，航空食口味的问题还在困扰我。在接下来的几周里，我开始问公司员工各种问题。他们知不知道，在海拔35000英尺的高空中，声音是否会改变人们对食品的感知？如果真的有影响，声音除了让食品味道变坏，能不能改善食品饮料的口味呢？后来，我发现在几千英尺的高空中，由于湿度和气压下降，甚至是背景噪声的影响，我们的味觉和嗅觉首先会弱化。[12] BBC新闻曾经报道说，相比安静的环境，人在喧闹的环境下吃东西，会觉得食物的咸味和甜味都降低了，甚至还更松脆了。[13]

这些都让我好奇：百事可乐与其改变品牌的视觉外观，不如集中注意力“占有”感觉的空间，岂不是会好很多？当你想到大多数食品饮料的电视广告时，很少听到声音，没有煎炒声，没有嗞嗞声。你很少能听到肉排在烤架上的嘶嘶声，或者苏打水倒进杯子里的咕嘟声。如果百事可乐“占有”苏打水滴到冰块上的声音，岂不是很巧妙吗？

当我跟公司高管建议时，他们表现得很热情。不过，他们问了一个明显的问题——几十年来，为什么他们的电视广告也忽略了声音呢？百事可乐几乎马上开始加入声音，并最后成为它标志性的声音。

如果不是因为在百事工作，我要弄清iRobot的核心问题，肯定要花更长的时间。在百事公司，我发现，正如我戴上耳塞式耳机后，会觉得飞机上的食品变好吃一样，声音也可以改善我们对饮食的感知。顾客使用无声吸尘器时，大多数人都会告诉你，吸尘器没工作。这样高度非理性的判断，也许解释了我们打扫小地毯时，看见地板上有一小段线头时，为什么会一遍遍地想用吸尘器把它吸起来——尽管捡起来会更容易。

人类的非理性让我思考以下问题：iRobot改变甚至消除声音，是否伤害了品牌的核心特色？我讨论的不是品牌的标志、设计或效率，而是它发出的声音。Roomba几乎不向粉丝释放情绪信息，这样的沉默是不是伤害了粉丝特别的热情？

技术团队去掉了声音，无意间也就毁掉了品牌的“可爱”特性。iRobot和Roomba的创始人之一是星球大战产品的铁杆粉，这也不是巧合。随着时间的推移，iRobot剥离了朴素的1990早期版本。受影片中“航技师机器人”R2-D2启发添加的一点可爱特点，也不见了。公司请我当顾问时，已经没人知道Roomba是什么了。我请技术团队拆了一个Roomba，他们照做了。那些零件放到桌上，摆到我面前，我问他们，少了什么。没人答得出来。“它不说话了，”我说，“它不会说‘啊哦’或者‘嘟—嘟’了。”

在我做潜台词研究过程中，大多数Roomba的主人告诉我，他们非常喜欢Roomba发出的噪音。它不小心撞到墙时会说“啊哦”。它倒退时会说“嘟—嘟”，就像卡车或挖土机倒车时的声音。但是，在iRobot高技术部门的手中，一切声音都被去掉了。Roomba现在成了毫无个性的高科技产物——它造型优美、设计完美、高效而无趣——但是，却没了人性特征。它不仅没有帮助Roomba的主人“打破常规”，反而放大了繁忙工作中的无趣。

Roomba团队去掉了产品上的所有奇趣。打开Roomba时，你最先看到的文字是：“警告：不要退货。使用前请仔细阅读说明。”如果Roomba的死忠粉想“打破常规”（甚至制造艳遇），如果Roomba是与人亲密交流的无声机器，这都是个败笔。

我的任务？就是重新把“可爱”找回来。我问Roomba的粉丝，什么品牌最能让他们联想到Roomba。大多数人告诉我，是宝马的迷你库柏。几乎所有人都认为，迷你库柏是卖萌的行家。假如你订购了迷你库柏，宝马会立即发送来自英格兰的最新资料、这台车的数字链接、一个宝马贴花和其他公告信息。一台新的迷你库柏上了集装箱船，准备发往目的地时，宝马公司会发送以下信息：迷你库柏正在惬意地享受海上之旅，迫不及待地想要见到您！迷你库柏的主人把车送去宝马代理商做维修保养，回来后方向盘上会带上一个标志，上面写着：我想念你。

受到迷你库柏的启发，我让iRobot的研发团队先别管Roomba的高科技功能，尽可能找回它的感情特征和人性特征。我让他们记住一个简单的事实：Roomba可能是一件神奇的科技产品，但也是一个玩具、一个宝宝、一只宠物、一个对话工具、主人的另一个自我。对一些年轻的男性而言，它还是哄女生上床的手段。当然了，它能把屋里最难收拾的角落收拾干净，但是，这可能是它最不起眼的一个功能。

我在处理“中国制造”汽车的问题时，脑海中一直想着Roomba。再者，从表面上看，中国人不喜欢过多地表达感情。至少，无论在公开场合，还是在私下场合表达一连串的情绪，都是一种文化禁忌。另一个关键点是，在西方，一个家庭决定买什么车时，女性和孩子很有发言权。而在中国，买新车的大多数是男性。

大多数商人不愿意买“可爱”的车。或者，他们不愿意买任何可爱的东西。（我说过，日本就“可爱风”盛行。中国人不太喜欢日本，他们也知道这一点。可爱通常就等同于“小巧”。从文化偏好上，中国人更喜欢轰动、宏伟的东西。）

不过，“可爱”的观念正渐渐地迁移到中国。这个现象的出现，可以追溯至中国的独生子女政策。“小皇帝综合征”是一个流行的说法，是指被父母和其他家庭成员过分溺爱和关注的独生子女。我的潜台词研究发现，越来越多的中国父母要看孩子的观点。我要记住的不只是现代中国，还有不断发展的中国汽车市场。也就是说，未来中国人的汽车，要同时开在好几个车道上。为了吸引中国男司机，汽车必须充满粗犷、力量和男性化的特征，还要吸引中国男性的另一个自我，就是一个成长过程中拒绝玩具的孩子。在一个缺少“转变”机会的国家，一辆中国汽车必须创造一种新鲜的、特殊的氛围，让开车人产生错觉，以为自己进入了一个与日常生活完全不同的地方。至少，这辆车的款式——车灯、车门开关的快慢——必须能反映中国人沉默背后的偏好，这是我在潜台词分析中观察到的。

想象一首你喜欢的歌曲，一首近年来被其他艺术家演绎过的歌曲。比如说，乔治·哈里森创作的《有些事》（*Something*）。自从1969年，这首歌收录在甲壳虫乐队的《阿比路》（*Abbey Road*）以来，它已经被詹姆斯·布朗、弗兰克·西纳特拉、东尼·班尼顿、艾克和蒂娜·特纳组合、乔·库克、尼尔·戴蒙德等大约150位音乐家翻唱过，使它成为甲壳虫乐队继《昨日》（*Yesterday*）后第二首翻唱次数最多的歌曲。但是，可以说无论其他版本好坏，我敢保证，哈里森的原版还是大多数人的最爱。为什么？答案很简单：那是他们第一次听的版本。我们偏爱首先看到、听到、感觉到的东西——无论是我们童年卧室的颜色，还是我们第一次学会游泳的湖泊、水池或海洋。

我们对“质量”的感觉，就等同于我们最早听到的音乐、看到的颜色。对于为中国顾客设计的中国汽车，我既会关注男性开车人，又会关注将来长大后会买车的孩子。但是，如果中国汽车公司打算出口，我就要研究世界其他地方对“质量”的看法了。除了德国和美国这两个世界汽车生产中心，还有什么更好的地方适合我做调查呢？

很显然，你不能用对付成年人的那一套去采访孩子。大多数孩子不知道怎么用语言形容他们的感觉和欲望。所以，跟他们玩游戏，通常能获得更深入的了解。我在北京、柏林和密歇根开展了调查。我周围是一屋父母陪伴下的孩子。我们面前是几盒乐高玩具。为了了解在不同国家，孩子们表达"速度"的不同方式——这与汽车行业的"质量"直接相关——我让他们从大体上表达、创建、即兴展现速度的概念。然后，我拿着笔记本坐下来观察。

中国、美国和德国这三个国家都喜欢制造大型号汽车，这也没什么奇怪。真正让我奇怪的是，德国孩子和美国孩子通过地板上拖动手指来表达"速度"。相比之下，中国孩子不喜欢用手指，而是拿起一块乐高零件，扔到最近的硬面上。 做完汽车模型后，美国孩子和德国孩子不仅专注速度，还注重防护建设——他们开始在模型周围创建保险杠、防撞栏、车库和其他防护，保护他们免受危险的迫害。有个德国孩子甚至还建造了一架火箭飞船，主机架里还有一只小型逃生船，以防紧急迫降。

接下来，我鼓励孩子玩"碰撞"游戏。于是，三个国家的不同点立马出现。中国孩子毫不犹豫地引发一个又一个全面冲突。车库、保险杠、安全围栏似乎都让他们厌烦。玩“懦夫游戏”时，中国孩子的两辆车接近时，都不会放慢速度。相比之下，德国孩子和美国孩子就会小心很多。他们的乐高汽车相撞前，都会放慢速度。对他们来说，“速度”和“冲突”都是受到调控的。

孩子们没法用语言表达，也不用拿语言表达。但是，对我而言，很显然，过去强调安全与保护，已经影响了整个年青一代。德国人和美国人的直觉中带有“成年人”对速度的定义，与天然的童年行为正好相反。

这意味着什么？当我对所有数据进行挖掘研究时，关于速度的见解证实，在中国，“质量”被认为是快速、不加修饰，甚至是极速。而且，下一代买车人也会是这种看法。我从中国人刷牙的样子、浴室里的香皂、卧室里没有床罩、人们点菜和服务员服务的样子、饭店里的饭菜，也得到了同样的结论。另外，中国人把简洁视为“高质量”——在其他国家，这种简洁会被人看作过于直白、毫无修饰，甚至是对抗的。除了这个国家的宗教活动和纪念节日，全国都缺乏宣传、前戏和期待。从文化上说，中国喜欢直奔主题。

接下来，我又在全球范围内研究了一下门。

没错，是“门”。我和助理到全球各地去录制有关门的短片，包括百货商场大门、地铁门、公交门、电梯门。只要能找到的门，我们都会拍下来。我们录制日本上班族坐火车的经过，门关了，我们就记下来。门像被咬了一样弹回去了吗？门是先慢慢关，然后突然加速？门是慢慢地、耐心地关上了吗？我们还录下了自动扶梯。电梯上行的速度是快是慢？我又在全世界的家庭做了另一个试验。这一次，我问别人，他们的厨房、卧室和浴室里，最能代表“质量”的是哪个部分、哪个区域。美国人几乎不会把质量与开关的抽屉联系起来。但是，几乎每个北欧人都告诉我，在开关时，一开始缓慢，然后加速，最后放慢的抽屉，就比只会快速开关或缓慢开关的抽屉“质量”高。

奇怪的是，我们对质量的不同看法，可以追溯至我们祖父母的时代。在20世纪三四十年代，北欧的门比现在更大、更重，无论开关，速度都很慢。不知道为什么，对东西开关“质量”的认识，也传递到了后代身上。

我知道，这家中国汽车公司计划走向全球。于是，针对感情和感知信号，创建了一个针对“快与慢”的解读方案。只要是他们计划发展的国家，都要建立起对“质量”的认知体系。例如，在法国，全国普遍重视转换和礼仪。法国可能一直都喜欢冷冻食品。但是，法国人购买冷冻食品时，会买一顿三道菜的原料，就像去麦当劳一样。他们会买第一道菜——可能是炸鸡块——再加一个汉堡和炸薯条，最后再来一份甜品。到了汽车门开关时，法国人也希望是由三部分构成。美国人习惯于瞬时反馈，对于不能立即反应的产品，他们通常毫无耐心。如果一位美国游客到了国外，在酒店里开关邦·奥陆芬电视时，很有可能以为电视机坏了，因为他没意识到，那台电视大约要经过 7 秒才能打开。苹果公司就运用智能手段，完美地解决了这个问题。顾客打开苹果手机时，就会呈现白色的苹果标志，告诉用户手机开了。顾客知道手机运行了，就满意地再等 30 秒，直到准备使用手机。我不怀疑，苹果的工程师优化手机内部，让手机快速开机。但是，苹果手机的设计，却让用户同时获得了即时满足和期待感。他们要传达的意思是，这部手机不仅技术含量高，而且质量也高。

中国的情况当然与众不同。百货商场大门猛的一下就开了，直梯和扶梯也升得很快，火车更是如箭般发出。同时，除了宗教假日，几乎没有机会转换或转变。即便是我研究过的中国汽车也不像汽车，更像是公寓延伸的一部分。所以，为了吸引中国市场，我对中国汽车的前几项要求之一，就是要求车门快速开关。下一个问题就更具有挑战性了，那就是把“两个自我”的概念注入汽车的设计理念中。

这“两个自我”有两个要素，都与欲望相关：我们曾经拥有，却已经失去的东西；我们曾经梦寐以求，却从未得到的东西。在全世界男性的内心中，不仅有一个年轻的自我，还有一个“第三人”。从许多超级英雄和动作明星身上，都能看到这一点。《教父》《谍影重重》《黑客帝国》等图书和电影最根本的吸引力在哪儿？《蝙蝠侠》《超人》《蜘蛛侠》《X战警》系列电影为什么大受欢迎？美国电视剧《绝命毒师》为什么成功？答案就是它们的主演都是普通人，甚至是性格温和的男性。但是有一天，他忽然变成动物。或者，至少他会变成一位强大凶狠、按规矩行事、偶尔还有些冷血的杀手。正是基于这一点——买车人拥有两个自我，拥有能干、强大的另一面——我才建议，把这个理念融入“中国制造”的汽车整体设计中。

我们还把另一个要素融入汽车设计中，即“转变区”。我们与一组设计者一起，设计了一种特殊的车内环境。上车后，就像进入录音棚听到的音响效果一样。我们设计了一种背景灯，车门打开时灯会亮起，关门就会暗下来。于是，关门声产生了深刻的共鸣，把男性的象征放大了。我们还特意提升了车座，给开车人一种掌控全局的感觉。我们得知，在买车的决策中，中国孩子也有发言权，也同样受到掌控感、征服感和可爱特征的吸引。于是，我们设计了一块类似飞行驾驶台的仪表板。看过娱乐与体育节目电视网（ESPN）之后，我认识到信息轰炸的力量。ESPN对观众进行了数据和细节信息的狂轰滥炸——滚动框、新闻条、图表、多角度摄影视角等。当人们面对大量数据时，常常会感觉更有男子气概，更有掌控感。大多数人会去费心解读这些滚动框、新闻条和图表吗？不会——不过，这不是重点。我的任务就是，让中国人开车时，觉得他们的车子开得很快，有力量，有男子气概，即使实际情况并非如此。更确切点说，车门直接快速开关，电动车窗也是如此。我的任务是吸引开车人内心的那个孩子、开车人本身和他们现实中的孩子。

今天，由于最新的“解读方案”，这家中国汽车公司更好地把

"感觉"转换成了感官线索。例如，在欧洲，乘客侧车门打开时滑动得很慢，然后滑到正中间，最后快速打开。关门时，顶灯慢慢暗下来。相比之下，"中国制造"的汽车侧门开关都极快。

中国汽车制造商的情况如何，还得看看再说。但是，它们现在已经远远超过了去年的销量。这个品牌在中国的收入已经得到显著提升。更重要的是，这家公司开始比以往都重视品牌的情感因素。这个"中国制造"的品牌已经向前发展了吗？没错。但是，我们还有很多工作要做。有人问我，受到数字化习惯的影响，中国人对速度的偏爱，最后会不会迁移到世界其他国家和地区。我告诉他不会的。其实，我觉得实际情况会恰好相反。通常，人们在有意无意中，都在寻找平衡。我们走得越快，在某些方面就变得越慢。我们一直想从加速走向闲散，从速度走向耐心，从唠叨走向安静。这种趋势不一定都是有意识的，也有无意识的。这些我是怎么知道的？因为，只要我们知道在哪寻找，小数据就无处不在。

Small Data

The tiny clues that uncover huge trends

| 第八章 |

幕后故事的一瞥

把小数据融入你的业务和生活中

让互联网意外地出现两极分化的，只是一件简单的条纹裙子——或者，它本身也没那么简单。

在偏远的赫布里底群岛，科伦赛岛举办的一场婚礼上，有位宾客穿了一件裙子。婚礼乐队里有个成员，把裙子的照片发到了汤博乐上。她问自己的粉丝：这条裙子是蓝黑条纹，还是白金条纹？“我脑子里很混乱，只是想找一个答案。”[1] 21 岁的歌手和吉他手凯特琳 · 麦克尼尔说。不幸的是，答案造成了更多分歧。在一些人眼里，裙子是蓝黑相间。在另一些人看来，裙子是白金相间。裙子的照片还被转发到脸书、推特和Buzzfeed（一个美国新闻聚合网站）上，发起“这条裙子是什么颜色”的投票，同时吸引了 67 万多人的关注，打破了Buzzfeed此前的所有流量记录。[2]

那条裙子原本是蓝黑色，在英国时尚连锁店“罗曼原创”（Roman Originals）的售价为50英镑，不过不用在意这个。[3]激烈的辩论表明，我们对颜色的认知差异，完全取决于大脑处理图像信息的方式。结果证明，色觉的个体差异是个普遍现象。这主要是由眼球后部600万个小视锥决定的，即光感受器。它对颜色的不同感知，主要受到基因的影响。在美国有线电视新闻网上，费城希望眼科医院（WillsEye Hospital）的主治医师茱莉亚·哈勒表示：“在99%的时间里，我们会看到相同的颜色……但是，这条裙子的颜色似乎正好击中了人们的软肋，让许多人都为此疑惑。”[4]另一位专家总结说：“这显然与我们感知世界的个体差异有关。”[5]

本书要说的是，人们更可能以不同的方式看待世界——但是，我们的相同点比想象中要多。

到现在为止，你们都知道，我出生在丹麦，也就是说，我不是美国人、法国人、西班牙人、英国人、苏格兰人、爱尔兰人、巴西人、澳大利亚人、瑞士人、肯尼亚人、南非人、德国人、意大利人、俄罗斯人、中国人、日本人、越南人、菲律宾人、奥地利人、希腊人、危地马拉人、智利人、阿根廷人、哥伦比亚人、墨西哥人，或者世界196个其他国家的人。

更重要的是，作为一个情绪基因的研究者，我能够创建品牌、做出创新，没有受我外来者身份的负面影响，反而恰恰要感谢这个身份。事实上，乐观估计，熟悉也是起反作用；悲观估计，熟悉甚至产生破坏性影响。

几年前，百事可乐让我帮忙改善公众对百事软饮料的认识。我当然同意了。但是，我刚工作了几天，就不得不承认，我的观点、感觉和直觉都要妥协。我对百事可乐的口味、气泡、罐子、瓶子和广告都太熟悉了。我与这个品牌毫无距离。关于我和别人的欲望、期待，也没有参考标准，我不能直接思考，我无法获得启发，我没法完成工作。

我的方法是，冰箱和橱柜里不再放百事可乐。这样，我就能更好地观察和分析自己的欲望。我去拜访朋友时，如果他们给我一罐百事可乐，我就会请他们家里也不要放百事可乐。接下来的6周是对身心的折磨。我开始头疼，很难保持正常状态。到了晚上，我还会梦到百事可乐。好消息是，6周过后，我成功地刺激了自己和朋友们的反应。对我来说，一件原本平常的东西再次变得陌生。

在百事的工作，不是我第一次对自己做潜台词研究，最深刻的见解通常源于我们自身。采访完大约全球2000名顾客后，我似乎也该亲自实践自己的方法了。有时，我上台时会变得自信。同样，当我晚上回到酒店，迫切地期待着进行确认与验证。这都要归结于我在童年时的不安全感。我可以抑制它，假装它不存在。但是，它却一直就在那里。几年来，我一直在研究身边的品牌，是如何反映我的自信或不自信的。我在研究时，或是饶有兴致，或是沮丧失落。

第一个品牌当然是乐高。（我在成长过程中，不仅创建了自己的乐高乐园，还睡上了一张乐高床。）第二个品牌，我在之前的章节中也提过——时尚品牌意大利空军。

在成长过程中，我不完全确认空军牌的象征意义。我只知道，我喜欢那个牌子的臂章，想买一件衬衫。同时，我不知道空军牌的军事意义。对于迫切寻找归属感和身份认同的孩子来说，这在有意无意间是无法抵抗的。空军牌拥有着醒目的标志。后来，它在超大的标志和高度的不安全感间，找到了明显的关联，也并不奇怪。今天，我的衣橱里，还挂着几件空军牌衬衫——毫无疑问，这是为了坚持另一个自我。在这种情况下，我是个渴望买件衬衫，却买不起的孩子。

第三个品牌呢？皇家哥本哈根（Royal Copenhagen）。它是一个创建于 1775 年的精品瓷器品牌，最初是为丹麦皇家提供盘子和碗等瓷器。在 20 世纪 70 年代、80 年代和 90 年代的丹麦，大多数有孩子的家庭都拥有一两件皇家哥本哈根牌瓷器。这些瓷器由纯手工制作，带着标志性的蓝色，我父母也有一两件。在我成长过程中，这个品牌就意味着高级饭店、皇室、遗产和传统。后来，等我买得起的时候，我做的第一件事就是买一套它的盘子。为什么？在潜意识中，我不经意间希望，我要“完成”父母没帮我完成的愿望。在一个受詹特法则[①]主宰的文化中，斯堪的纳维亚人禁止人们过于突出。我买一套皇家哥本哈根，也许就是在告诉其他人，我的生活成功了——我是个人物。当时，我意识到，无论我们承不承认，有些品牌已经填补了我们在身份认同上的空缺。

在商界，除了剪裁考究的套装和领带，一只奢侈手表几乎是必

---

① 詹特法则，丹麦人不成文的社会行为准则，即“不要认为你高他人一等，不要觉得自己是个精英”。——译者注

不可少的。最后，我又加上了第四个品牌——劳力士，以此表明我的身份。一天，在一场会议上，我注意到，一位穿戴讲究的长者正在专注地研究我的手表。他似乎并没有感到印象深刻，反而觉得困惑。最后，他靠近了我。他不经意间注意到我的手表；根据他的经验，只有俄罗斯人和中国人才像我一样，戴上这么显眼的劳力士。而且，他问我有没有注意到，我戴的是女款。我惭愧地说，没有，我没注意。24 小时前，劳力士是我最值得骄傲的财产。现在，它却让我颜面尽失。最后，我把它送给了别人，买了一块“合适的”手表，一直戴到现在。

几年来，除了劳力士，我还随身带着一张美国运通百夫长卡，即“黑金卡”。我告诉自己，我选这张卡是看重它的功能优势，包括看门和旅行社服务、萨克斯百货和古驰店的私人购物助理服务，以及全球酒店的各类特权。事实上，我是被情感诉求吸引的。三四年前，美国运通告诉我，它们不想帮我兑换几年的积分，我就放弃了会员资格。于是，我就把运通卡换成了双倍积分的维萨卡。可是，我还是感到巨大的失落感。我放弃了什么？地位、归属感、特殊感。我掏出维萨卡时，商人、服务员、酒店职员和我的朋友们会说什么？答案是，什么也不说。他们根本注意不到。运通黑金卡给我带来的认可与价值突然变得非常明显了。

我们喜欢、购买和成天关注的品牌，最能反映我们是什么样的人。到目前为止，我定义的“品牌”包括鞋子、床单、牙膏、墙上挂的艺术品和播放列表里的音乐。作为品牌来看，我们的职业头衔其实没什么区别。例如，几年来许多人来找我寻求工作建议。他们应不应该放弃《财富》100 强的工作，远离家乡，建立一个咨询公司？一旦他们换了工作，换了名片上的标志，与薪水、津贴和通勤时间一起消失的，就是情绪上的负面影响，或人们最容易感受到的脆弱。

对失去“品牌化”身份的恐惧，充分地向我说明，为什么CEO和高管几乎根本不逛自己的店面？或者，为什么他们不跟顾客互动？正是因为顾客们购买剃刀、苏打水、海鲜、衬衫、香水、药品和格拉诺拉麦片，才让高管们的业务正常运转。即使是加入民意小组的高管，也是坐在有小吃、冷饮、显示器和静音键的空调屋里，观察单面镜背后的会议过程。他们一次次错过的瞬间，都可能发掘关于自身的新发现，关于品牌的宝贵线索。

我发现，在某些情况下，高管们甚至不用自己的产品，比如世界上第二大医学手套、工业手套及安全套制造商安思尔（Ansell）。最近，安思尔的高管团队请我去安全套产品总部斯里兰卡，在年度务虚会上发言，讨论“安全套的前景”。我进屋时发现，大多数高管都是40~60岁。这一点令人惊讶，因为安思尔从事安全套制造和销售业务。这种产品通常受年轻群体的喜欢。我马上发现，那里的每个人都习惯使用产品的标准临床描述，比如“避孕用具”“防护手段”等。那时，我告诉屋里其他人，我们要做个小实验。我给每位听众发了一只安全套，然后关掉顶灯。“现在，我们要做一件以前从没做过的事。”我说，“亲热时间到了！但现在没有灯！”我让人们打开安全套。

我没想吓人，不过，很显然，我吓到了别人。在黑暗中，安思尔的高管和员工试图撕开双重密封包装，我听到一阵阵噼啪声。一分钟后，等我打开灯时，没一个听众打开包装——他们几乎再现了大多数顾客打开安全套时的情形。

所以，我才竭尽所能，让公司高管像顾客一样，体验自己的店面和产品。我与英国跨国杂货零售商——乐购（TESCO）——互动期间，它的CEO引入了“落脚使命计划”（Mission Feet on the Floor）。根据这项计划，在某个时间点，每位高管都要在一家杂货店工作几天。为了让他们理解乐购食品味道与对手公司的不同，高管们还被邀请到一个场外的地点，准备和烹饪乐购的各类预制三明治、沙拉、汉堡包和竞争对手的食品。在哥伦比亚，我曾为一家服务慢、排长队的银行连锁做咨询。我让银行官员假装成顾客，这次经历让他们受挫，甚至是愤怒。有些高管排了一个小时的队，另一些高管为了确认一个简单的签字，换了一位又一位出纳员。等到展示我的发现时，我告诉高管团队，从现在开始，我们要执行三个新规定：顾客等候时间不能超过三分钟；每次只让顾客签一张单子；要留有足够的等候区。一年后，它成为南美洲服务最好的银行。

记住，这些例子都和大数据无关，也只能带我们走到这里。说到底，人们都在有意无意地掩饰真实的自我。我们大多数人都没意识到自己的习惯和欲望。2015年，在戛纳广告节上，睿域全球CEO汤姆·亚当斯基和《传播通讯》（*Contagious Communications*）内容与战略总监威尔·桑塞姆进行了一场讨论。亚当斯基甚至表示，数字媒体和大数据造成了品牌忠诚度在全球范围内的下降。为什么呢？用亚当斯基的话说："品牌没有把我们当成个体……品牌做营销时，还在依赖人群分割法。它已经过时了，坦白说，甚至还存在缺陷。它没有直接推销给我。"[6]

如果公司想理解顾客，大数据提供了一个宝贵的方法。但是，这个方法还不完善。要我说，我们现代人对数字资料的着迷，不利于形成高质量的见解和观点，由此影响了产品和产品解决方案。尽管大数据提供了一些宝贵的见解，网络还是呈现了理想化的真实自我。对我来说，最有启发性的做法是，把小数据和大数据结合起来——在家观看、倾听、观察和梳理线索，找出顾客的真实需求。要知道，乐高第一次雇用我时，我才 14 岁。我当时就是它的一个顾客，一个沉迷于乐高积木的孩子。我当时观察了自己和朋友们的行为，把我乐高产品和乐高公司的看法，告诉了它的管理人员。那是多少调查都无法呈现的——与大数据分析形成鲜明对比的是，一个 11 岁德国男孩的看法扭转了乐高破产的危机。

有趣的是，根据无意识的线上行为，我们开始认识现实中的自我，而不是数字化的自我。现在，我们已经开始在网络上扭转局面了。

例如，在2013年，一项历时10多年，累积了覆盖25万人的数据研究，发表在了《个性与社会心理学杂志》上，研究人们在成长过程中的音乐消费偏好。随着我们年龄的增长，音乐似乎也会随着“生活挑战”或心理需求的变化而变化。[7]研究按“经验来源”把音乐消费模式分为五大类，被称为“MUSIC模型”——MUSIC分别代表悠闲型（mellow）、朴实型（unpretentious）、复杂型（sophisticated）、热烈型（intense）和 现代型（contemporary）。也许，可以预料的是，听音乐的第一个重要年龄段是青春期。他们热烈型的音乐爱好，可能反映了不断活跃的荷尔蒙，或者青少年“自我”的产生。与热烈型音乐交错的，是现代型音乐的崛起——这个趋势一直持续到中年早期。这时，两个“偏爱维度”——同样“浪漫、积极和适合跳舞的”电子音乐和R&B音乐混合在了一起。[8]人们最后一个音乐年龄段由复杂型音乐（爵士音乐和古典音乐）和朴实型音乐（乡村音乐、民俗音乐和布鲁斯音乐）构成。后两种音乐类型让人放松，给人带来正能量，与听众的社会地位和感知智力间接相关。[9]

我们最爱的体育项目暴露了我们哪些特征？思维实验室（Mind

Lab）曾针对 2000 名英国成人做过一项研究。研究发现，爱骑自行车的人通常“悠闲镇定”，不像爱跑步的人那样紧张，也不像游泳的人那样消沉。爱跑步的人通常比较外向，喜欢成为关注的焦点，偏爱“活泼悦动的音乐”。研究总结说，喜欢游泳的人一般宽厚乐观，有条不紊。而喜欢步行的人通常喜欢独处，不喜欢成为焦点，相对来说不爱追求物质。[10]

你有没有注意到，在脸书上好友多的人通常没有一般人自信？[11] 或者，越容易激动的脸书用户，发布的主要内容越集中在照片上？[12] 去年，《纽约时报杂志》分析了我们登录某些网站时保护密码有多重要。根据文章报道，我们清醒时会留下一串情绪基因，密码中也会遗留我们的情绪。而且，我们的许多密码都代表生活中有意义的记忆或时刻。这些记忆或时刻是我们用其他方式无法回想到的。“许多（我们的密码）充满痛苦、受伤，有时甚至是诗意。它们通常有着丰富的背景故事。一则励志箴言、一句骂老板的话、一位隐藏的旧爱、一个自嘲的笑话、一次清晰的情感创伤——我称之为‘纪念密码’。它们就像我们内心世界的小装饰。”[13]

在这样的认识中，大数据几乎很难找到任何意义或相关性。我提到的每一项研究中，都缺了一个问题：如果这些发现与小数据结合起来，会如何影响一个品牌，或转变一个企业？潜台词研究表明，一位 16 岁的女孩如果喜欢“热烈型”音乐，可能会与她的少女身份不搭。一位经常听约翰·克特兰①和肖邦的 45 岁英国男人会告诉你，他非常怀念少年时的热情。事实上，他手上戴着黑色橡皮圈，代表叛逆的勋章。但是，如果你不到他们的客厅或卧室里，坐到他们对面，你就永远也不会知道这些。

某个金融机构可能为了阻止客户流失，实践大数据分析模型。但即使这样，似乎也无法真正理解客户的行为。“客户流失”是指客户转出资金，偿还抵押贷款，或者直接表示退出这家银行。借助该分析模型，银行很快发现“客户流失”的证据，并快速起草信件，请客户仔细考虑。不过，在信件发出前，银行高管有了一些不可思议的发现。没错，“大数据”的确发现了客户流失的证据。但问题是，客户不是因为对银行或客户服务的不满。相反，他们大多数是因为离婚了，要转移资产。[14] 如果同时进行一项小数据研究，最多

---

① 约翰·克特兰，爵士乐历史上最伟大的萨克斯管演奏家之一，对 20 世纪六七十年代的爵士乐坛有着巨大的影响。——译者注

一天时间就能发现这些。

然后，就是谷歌无人驾驶汽车面临的问题。大多数问题似乎都归结于技术和人性的不匹配。根据《纽约时报》的报道，去年，一辆谷歌无人驾驶汽车靠近人行横道时，像预期的那样完全停下来了，前方的行人安全地穿越了街道。这时，这台谷歌汽车被后面的一辆非谷歌汽车追尾了。后来，另一辆谷歌无人驾驶汽车无法穿过四路停车控制交叉口，因为根据感应器校准，汽车应该等候其他司机，完全停下来，而不是像大多数司机那样一点点往前行驶。《纽约时报》表示："在现实世界，人们都不喜欢按规矩行事。这个新兴领域的研究人员说，无人驾驶汽车面临的最大挑战之一，是如何融入这个世界。"[15]

于是，大数据连接了千百万的数据点，可以准确地产生相互关系。但是，当人类按照自己的惯例行动时，大数据通常会受到破坏。大数据不断地帮我们节约人力物力，让我们的生活实现自动化。反过来，人类也会同时进化，根据技术带来的变化做出决策。大数据和小数据是一对合作的舞伴，是对平衡的共同追求。

我之前说过，尽管地球上有70亿左右的人口，但根据我的经验，世界上只有500~1000种真正独特的人。这不是贬低个性，而是认识到人类的连接度。人类的“划分”根本上依赖四个标准：气候、统治者、宗教和传统。

你头顶的太阳，你家乡的冬天是冷是暖，这些只与气候间接关联。相反，气候是指你周围的环境如何反映和影响行为与饮食。例如，斯堪的纳维亚人偏爱脂肪多的食物，而地中海人的口味偏轻，更偏向植物油。

执政者是指掌权的势力或政府，无论是俄罗斯的弗拉基米尔·普京、美国的民主党或共和党、中国的共产党，还是伊朗、约旦、苏丹、埃塞俄比亚和其他国家的政权。一个国家的居民有多自由？宗教当然是指一个国家的信仰。它是处于支配地位，还是微不足道？决策的背后是否受一个人信仰体系的影响？最后，传统是指一个国家不成文的礼节，无论是欧洲人忽略其他电梯乘客的习惯，还是美国人对友好的偏爱。一旦你考虑到这四个变量（气候、统治者、宗教、传统），再排除掉阶级、种族、肤色和性别的差异，无论住在哪儿，什么人都是一样的。

直到最近，我才开始觉得，我的工作方法是可重复使用的。但是，在过去的几年里，将近6家公司问过我，我能不能把潜台词研究引入一项培训项目中。在雀巢的一些部门，我曾经从事过多年的咨询工作。我的方法——我称之为“7C法”——成为分析新产品、创意、创新和品牌不可分割的一部分。现在，每年有几千名雀巢员工对顾客进行家访。

他们经常问我的问题是：如果一个国家的人口被不当地代表，出现抽样偏差怎么办？在样本量较小的情况下，谁能找到一个完整的方法或答案？更不要说是公司了。即使找到了答案，又怎么保证你的发现准确代表了更大的整体呢？

我的回答是，一滴血里包含的数据，可以展示将近1000种不同的病毒。如果样品量选择得当，一滴血的样本也会跟我的工作一样。所以，我采访50人（而不是500万人），却通常更加彻底地实现“7C法”。许多人和企业更不愿承认的是，有时候，想要转变一个品牌或一家企业，不用研究几百万名顾客，只要研究10个人就够了。

例如，我为洛斯工作时，开始研究美国文化：圆形的物体、缺乏肢体接触、雷同的商场外观。我最终由这些观察得出一个假设：

美国人的生活被高度的恐惧感笼罩。我采访卓璧思的粉丝时，发现的第一件事是许多人说，他们不再像小时候那样，有一种社群意识、家庭意识和共同掌权意识。对许多人来说，卓璧思聚集了对过往的一系列个人回忆。

无论在任何情况下，人们的生活丢掉了一个东西：潜意识下的欲望。认清一个未满足的欲望后，你就会更加容易发现一个缺口：通过新产品、新品牌或新企业，就可以满足这个缺口。要记住，世界上每种文化都是不平衡的。或者，从某种程度上说，每种文化都是有些夸张的——而夸张的背后就藏着欲望。

7C框架是搜集（collecting）、线索（clues）、连接（connecting）、关联（correlation）、因果（causation）、补偿（compensation）和理念（concept）。以下内容可以作为随身指南，帮助你从冰箱贴、陶瓷青蛙等小数据中得到一条或几条结论，甚至将它们转变为一个制胜理念。通过看本书，你已经跟着我在全世界飞来飞去，穿梭于不同地点和不同文化。现在，也该你亲自上阵了。

搜集：你的观点是如何反映在一栋房子里的

裙子照片在网络上病毒式传播的例子就很好地表明，我们每个人看待世界的方式都是不同的。我们大多数人往往熟视无睹。周围人都跟我们类似，都跟我们有相同的信仰。我们脸书上的新闻并没什么不同，却反映了我们的兴趣、信仰、关注和偏爱。

那么，7C工作法的第一步，就是竭尽全力，去掉你眼前的一切障碍。我的建议？先理个发吧。

我来详细解释一下。“搜集”这一步先要从宏观和微观上建立导航点。这包括了获得文化观察者的观点——比如说初到此地的新人，无论他们是刚刚移居的人，还是能客观看待这个社会的人。问问他们：这里的社区、城市或乡镇看起来怎么样，有什么感觉？人行道荒凉吗？外面有孩子玩闹吗？人们友好吗？你有感到过恐惧吗？如果有，为什么？能感受到社区自豪感吗？你在街上看见别人，他们是直视你的眼睛，还是直接看向别处？垃圾是定期收走吗？什么事能让一个城镇团结起来？什么事能让它分裂？为什么？我在巴西时，很快发现，这个国家痴迷于足球和宗教，按严格的等级划分。这些阶层暗含着一种紧张状态。巴西人需要逃避吗？关于这个暂时的假设，我最后会细说。

现在，要找一位理发师，或至少一位“当地观察者”。他们几乎处于社区的中立位置，可以帮你建立基本角度。你不一定要找一位理发师，也可以是酒保、邮递员，或者教堂、社区、体育俱乐部的领导。无论是什么人，当地的文化观察者了解的信息，是许多人不了解的。他们会告诉你，到底发生了什么。他们几乎是毫无偏见的，他们还会指出自己的亲友网。

在进入一位顾客家里前，通过从当地观察者搜集完导航点，你会形成最初的观点，创建一个假设。反过来，你最初的假设有助于创建“思路”、焦点或感兴趣的主题，便于指导顾客采访过程。在极少数情况下，你想出的最初六个思路中，有一个能成为最后那个思路。其中一半思路被驳倒或抛弃。把它们作为垫脚石，会通向更大、更好的垫脚石，最终产生一个理念。

在搜集阶段，你要尽可能从最多的可信资源中，获得许多不同的观点。如果你怀疑，当地的这些观察者有没有用、能不能信任，要确认他们对社区的融入程度，最快捷的方式是社交媒体。社媒上的活跃人群往往天生外向、自信。注意他们通常发布信息的方式，他们对内容管理的程度，他们所发内容的相关性；或者，他们发布的信息中，有没有一点夸张或表现——这些合在一起，创造了一位理想的当地观察者。要记住，在脸书上，当地观察者通常同时拥有公开的形象和私下的形象，这让人更易于接触他们。在初步的通话中，你可以像问文化观察者那样，询问同样的问题。你会很快发现他们的观点有没有用。

如果你是代表一个现有的品牌，我还建议你采访一下该品牌过去、现在和潜在的用户——在理想状态下，这些用户应该占到全部调查对象的 50%。

线索：你观察到的独特情感反应是什么

记住，你是一位研究者。你的目标是创建一个叙述性的、连贯性的故事。因此，你看到的一切都不是毫无意义，你听到的一切都不能浪费。想象一下，你带着一个假设，第一次进入别人家里。（你的假设可能是真的，可能有一半是真的，也可能全是错的——你都还不知道。）想象一下，如果在某个人家里，主人在每间屋里都不停地轻声播放一系列音频。这声音是和谐的，还是走调的？墙上有没有挂着看似杂乱无章的小数据？在冰箱和橱柜这样的“禁区”，还有什么信息没被发现？家里每件东西的摆放都是有理由的，无论是墙上挂的艺术品，还是浴室柜里的内部情况。

在此，我经常呼吁建立一个模型，将普通顾客身上不同的“自我”分离开来。首先是我们对外界塑造的理想化自我，那是我们希望别人看到自己的样子（我补充一下，这通常和我们实际的样子很不一样）。这个放在公众面前的、美化过的自我，类似于我们在脸书、Instagram上塑造的自我。构成“理想化自我”的要素中，包括我们家里的收藏和摆设，无论是照片、传家宝，还是小玩意儿。多年来，我发现收藏品组成了我们生活的大事年表。这是一份二级大事表，是认识我们的一个重要视角——或者，可以认识我们以为的那个自我——以及我们现在的处境。最能反映我们积累的常见“充电站”是客厅。对青少年来说，就要看背包和笔记本电脑的封套。

也就是说，能反映理想自我与真实自我不一致的，通常是比较隐私的地方：我们的冰箱、橱柜、衣橱——对男人来说，就要看他们的车库和网络文件夹。

通常情况下，为一个成功假设打下基础的，通常是看不见的。比如说，丹麦有数不清的“社交厨房”和没人碰过的布里奥铁路模型。表面上来说，大多数丹麦家庭外观“完美”。走近一看，你就会发现，每间屋子其实都像舞台。丹麦也是世界上压力最大的国家之一。很自然，你就要注意，一个小小的标志其实就可能击碎其他所有线索。在巴西贫民窟的一个小房子里，我看见架子上放了一个啤酒罐，里面放着一个杯子，杯子里是一朵花。在一个粗糙的环境里，它就是希望的标志。

早在10多年前，乐高公司就发现，如果你问“最让你骄傲的是什么”，会得到各种令人吃惊的答案。他们的答案可能是一件旧吉他、一条手工做的被子、一张当代绘画、一套葡萄酒杯。问问应答者，能不能看看他们的老相册或者iPhoto相册。先研究一下冰箱、厨房和浴室柜，再进卧室看卧室柜。问他们最喜欢哪件衣服，看看他们希望别人怎么看自己。仔细观察他们手机、电脑和流媒体上的音乐播放列表，看看他们的“另一个自我”年龄有多大。他们会在iTunes（苹果数字媒体播放应用程序）上订购电视节目或电影吗？

如果可以，他们的网飞列表上会放什么电影和电视节目？（这样，你就会发现他们相同的文化关联。）什么事能激发他们内心最强烈的感情？是自豪感吗？是对爱人的记忆吗？是宠物吗？是孩子吗？最后，我请人们回答两个问题：你生命中最重要的是什么？你最担心的是什么？

如果一开始不知道自己找什么，也不要气馁。这就是侦察工作的本质，甚至是定义。

连接：情绪行为能产生什么后果

到现在为止，你眼前可能放了六七条小数据了。就像我为洛斯工作时的发现一样，你会发现，你所处的文化禁止肢体接触。每天下午 5 点，商业区就空荡荡，明显缺少一种社区感和归属感。从这一点来看，我在卓璧思的例子中发现，它的粉丝意识到，他们的生活中缺失了一些东西。顾客们被Roomba吸引，是要在家里装上一件技术产品，充当交流的工具。

问问你自己：你搜集的线索有什么相似点吗？这些线索开始偏向某个方向了吗？如果最初有过假设，你打算开始验证吗？

别忘了，一条线索可能是物质方面的（应答者的衣橱里，有一件与其他衣服不搭的精美花样衬衫），也可能是情感方面的（应答者沉迷于U2乐队）。你在寻找一种情感缺口——要么展现得过于突出，要么过于低调。例如，在丹麦许多人家里，如果你走进一户完全切题的家庭，你就是发现了金矿。如果你的方向没错，应答者的肢体语言通常会展现出不自在或完全的不安。这也表明，你要有新发现了。

关联：这种行为或情绪第一次出现时，是什么时候

在关联阶段，我们会寻找顾客行为上的转变，也就是所谓的切入点。变化发生在什么时候？是她结婚的时候吗？是她第一次要孩子时？是她离婚时？可以表现出切入点或个性转变的事件包括穿衣打扮、结交新朋友、得到或失去伴侣、送孩子上大学，以及所有里程碑或职业转换。

我之前说过，我们太靠近自己，已经熟视无睹了。因此，通常情况下，一次采访快结束时，我们要接触应答者的一位亲友，来调整自己的观点。叫上这个人，参与到采访的后半部分。

因果：它能激发什么情感

对洛斯的顾客而言，他们的日常生活已经成为自我满足的预言。卓璧思的顾客经历着一种强烈的不安全感，而Roomba的顾客发现，这件产品是填补孤独和不安全感的一种方式。现在，你要在办公室或工作场所整合所有发现，开始小数据挖掘。

一般来说，我会在一张大公告板上贴满照片和发现，制作一个时间轴。这时候，公告板反映了你发现的情感基因和因果关系。请把这些发现和照片放在一起，找出共同特征。

问问自己："这些会激发人身上的什么情感？"

这时，你要站在应答者的角度看问题。如果你是应答者，你会怎么想？你会想要什么？这不是个很好回答的问题，尤其是在陌生的文化环境中。在线索搜集开始前，你也采访过一些文化观察者（当地观察者）。如果站在别人立场看问题太有挑战性，你可能就该给他们打电话，或重新拜访他们了。把你的发现呈现给他们，问问他们怎么想。

补偿：还有什么欲望没被满足

验证完因果关系，就该提取最强烈的情绪本质：欲望。还有什么欲望没被满足？满足欲望的最佳方式是什么？在洛斯的例子里，答案是在自然环境下创造一种强烈的归属感。卓璧思粉丝要重新连接和发现，归属某个群体是什么感觉。Roomba粉丝需要向全世界展示他们的人性特征。

通常情况下，研究完相册，你就会找到答案。当你查看相册时，找出人们生活中最快乐的时刻。把他们当成一个时代或一个时刻的反映。当时，大多数人会感受到和谐、成功、平静和情感满足。

情感满足和真实生活是两个极点。在这两个极点之间，你会找到欲望。你发现的欲望，能补充文化观察、当地观察和你在应答者家里找到的线索吗？

观念：针对你发现的顾客欲望，能有什么“创意”补偿

把你的发现带回家好好考虑一下。我之前就说过，我最好的创意是在酒店游泳池里想出来的。从根本上，我认为“创造力”就是

用全新的方式，把两件普通的东西组合起来。乐高机器人（LEGO Mindstorms）——乐高公司的定制机器人系列——就是把乐高积木与电脑芯片相结合的案例。优步也把私人用车服务与社媒网络结合了起来。在我的工作中，洛斯 2.0 结合了超市、娱乐与社区，而塔丽唯尔 2.0 则整合了社交媒体与传统试衣间。

要记住一点，在压力状态下是不太可能产生创意的。我们最没期待时，它们反而蜂拥而来。所以，我们要时常游泳、骑行、做园艺、在沙滩上漫步。

我常常想起最难忘的一次采访。后来，我意识到它具有启发作用，是因为我当时弄错了预约时间，提前早到了一个小时。当我摁响门铃时，我的应答者——一位中年妇女——在门口迎接我。她刚刚下床，头发没梳，穿着一件松垮的蓝色浴衣。她看见我一点也不高兴。我不停地向她道歉，说自己弄错了时间。我告诉她，我一个小时后再回来，但她坚持让我进门了。

紧接着，我就见证了这次最真诚的采访。那位女士没时间准备，没时间收拾脸，没时间清理房间。无论怎么看，我看到的都是最真实的自我。相应的，也没必要欺骗，没必要告诉我，她以为我想听什么。两小时后，我离开她家才想起来，为了迎接世界，我们一直戴着面具生活。

最近，瑞士进行了一次定性调查。基于调查发现，其实，我们大多数人最多拥有10个共生的社会身份，而且相互分离——研究表明，这些身份通常会发生冲突。[16]设想一下，现在有一位中年的银行柜员。他住在佛罗里达州彭萨科拉市，他的身份是父亲、儿子和丈夫。他是个佛罗里达人，他是一位银行职员，还是一位骑车爱好者和业余的跑步爱好者。每到晚上，他跟朋友喝酒时，是个“笑料王”。他还是位素食主义者、业余吉他手。每到周末，他就到女儿的高中教足球课。然后，就是他的网络身份了，包括脸书、推特和Instagram上的自我。最让人惊讶的是，他的道德心态、诚实性、社交性，甚至社会交往水平，都会随着身份的变化而变化。比如，想象一下，在工作中，他可能准备好面对虚伪，甚至是完全的欺骗。但同时，作为一名父亲，他讨厌不诚实的行为。我的角色不仅要了解一个身份，还要弄清所有身份——只要是想认识小数据的人，都要具备这样的素质。

所以，到最后，任何方法都发现不了人种学研究背后的秘密，哪怕是我的方法。先从你自己开始吧。你是谁？你一个人待着的时候是什么样子？当你在脸书上发布一个状态，或者“喜欢”某段音乐时，你在对世界表达什么信息？当你买一条裤子、一双全新的品牌鞋，当你在窗前挂上一套竹帘，当你在冰箱门上贴上精选照片，当你在浴室里留下一瓶面霜时，你都在传递什么信息？我们的小数据中，永远都能最贴切地证明我们是谁，我们渴望什么。即使像十多年前那样，乐高管理人员发现，背后的欲望是一双磨坏鞋底的阿迪达斯运动鞋。

致谢 Small Data

我听过一句谚语，大致意思是：人生有三次机遇——如果你好好利用，也还能再得到三次机遇。在我的一生中，算是抓住了足够多的机遇。这句话不是对每个人都适用，但是我不得不承认，至少在我看来，这句谚语很有道理。20 年前，一位同事问我，为什么我能得到那么多机遇。我告诉她，其实我们得到的机遇是平等的。更重要的是，当机遇出现在面前时，我们要善于发现，关键是要把它付诸行动。

发现机遇的能力不仅会随着年龄的增长和阅历的丰富产生，也会随着我们打开思路而出现。在这里，我讲的不是政治或宗教，而是指放松我们的个人保镖，抛下我们设施完善的办公室，跑去与陌生人相处。与此同时，不要暴露我们的任何背景、成就或才能。在这种情况下，我们就变成一个只用观察别人生活的群体。只有体会到一无所有的感觉，我们才能意识到，并珍视我们个人品牌的真正价值。

可以说，我很幸运，这辈子的工作伙伴都比我有才华。我也从他们身上学到了知识，借鉴了他们的见解和优雅，并最终变成自己的能力。所以，你才能读到这本书，我也要感谢许多人。以下列举的名单有个共同特点——他们有着超凡的能力去发现机遇，并抓住机遇。如果没有他们，也就没有这本书的今天。

马尔科姆·格拉德威尔在赞比亚播下了本书的第一粒种子。马尔科姆帮我形成了最初的想法，指导我进行整个写作过程，给了我独一无二的“马尔科姆式”反馈。马尔科姆，非常感谢你。

非常感激我的执笔人彼得·史密斯，以及我在莱文、格林伯格与罗斯坦文学社的代理人詹姆斯·莱文，感谢他们付出的卓绝努力。我们一起努力，根据一两条零星笔记、几个电话交谈、一个经历丰富的手提箱和纽约闹市区的一顿饭，最终形成了构成本书的支撑思想。很难相信，为了形成我希望的简单概念，我们经历过多少次反复探讨！即使在我弄不清本书的根本思想时，吉姆和彼得也能帮我理清思路。

彼得，我十分感激你所做的工作——我们并肩作战了10个年头——你依然不断地带给我惊喜。一路走来，我发现出版界有一句密语。当人们真心觉得一本书好时，他们通常喜欢简单地说“了不起”。这么说来，彼得，你就是个了不起的人，是个让人惊喜的天才。詹姆斯，我只想把同样的话，再对你说一遍。我很自豪，能拥有你这样的代理人。我们也在一起合作了10多年，谢谢你。

詹姆斯背后还有一个经验丰富的大型团队。我尤其要感谢其中一位，把我的文字传播到世界各地。那就是伊丽莎白·菲舍尔。我的前几本书发行了不同语言版本，也是她的功劳，有些语言甚至是我不知道的。我会永远感激她。

与我合作10多年的还有福捷公关公司的马克·福捷。马克做事非常专业。我不是随口说说的，在全球范围内，与我合作过的几个公关公司中，马克目前排在第一。马克，感谢你。

在本书中，我经常提起助理奥利弗·布里茨。他不可思议，永远活力四射，永远第一时间出现，有时甚至瑟瑟发抖。（我知道，他不喜欢我在其中一章对他的描述——事实上，奥利弗几乎从来不发抖。）相反，他才华出众，经常陪我环游世界，他几乎有一种与人交流的超能力。（在我们做潜台词研究时，人们通常会非常喜欢他。）现在，与奥利弗订婚的女孩，就是在采访中认识的——向小数据挖掘的魔力致敬！谢谢你，奥利弗，感谢你特别的存在，感谢你能适应我极端的速度、要求和期待。你是一位真正的明星。

尤其要感谢的，是我的另一位助理西涅·乔纳森。她来自林斯特龙公司，在 20 多年的时间里，一直在帮我创建品牌。西涅是我的接待员，是我的耳目，是我的协调人，是我精力的来源，也是我的好朋友。谢谢你，西涅，感谢你一直跟着我——即使从我们合作那天起，你就没有一天假期。

还要特别感谢奥利弗·克罗恩。感谢你为我运营社交媒体部门。你的存在，无疑使我与世界各地几十万粉丝的交流成为可能。最后，要大声感谢我的“首席研究员”博比 7 号。感谢它不断地搜索，总能发现我想要的结果。

我的出版商圣马丁出版社拥有一支出色的团队。坦白说，我是个不太好打交道的人。我们设计了十几份书封，才最终选出一份。还有，我甚至中途成功地修改了书名。对每个人来说，这都是噩梦。非常感谢你们所有人对本书的奉献，尤其是我的编辑艾米莉·卡尔顿、克莉丝汀·卡塔里诺、劳拉·克拉克、加布里埃尔·甘茨、艾伦·布拉德肖和圣马丁的整个销售团队。是你们的出色工作，催化了本书的诞生。我要感谢销售与营销团队的每一位……只可惜，圣马丁的企业章程不允许透露他们的姓名！

我敢说，如果你看过本书的相关视频，喜欢我的个人网站，你就会发现，这离不开幕后辛勤工作的每一位朱斯集团（Juice Group）员工。我与朱斯也合作了10多年。朱斯的成立是个巧合。当时，它的主人乔纳森和拉腊·格林斯坦在为客户服务时，没有获得美国签证，就“暂时”搬到了加拿大温哥华。10年后，他们依然留在温哥华，朱斯也开始蓬勃发展。乔纳森、拉腊，你们俩的表现绝对惊艳……或者，让我换一种说法：你们的付出太了不起了！除了乔纳森和拉腊，我还想感谢本·里根、马克·麦克德莫特、特里·乔和乔纳森·郭。

我做的许多工作都是开创性的——或者说，我至少是在不时地开辟新天地——因此，我为一些新技术取名时，有时会碰壁。可以说，在我合作过的语言学家中，安东尼·肖尔无疑是创造新词方面的第一人。他运营的命名机构叫“实效用词”（Operative Words）。你在本书中读到的一些名词都是他想出来的，包括“潜台词研究”“潜意研究”和“小数据挖掘”。安东尼总能给人带来惊喜。

在本书发行过程中，离不开得力的合作伙伴——杰克·莫顿世界公司。早些时候，一些人发现很难弄清这个概念。但是，杰克·莫顿马上就明白我要做什么，传递了关于这个机构的许多信息。尤其要感谢克雷格·米利翁的辛勤付出，感谢他创造出那么多可能。还要感谢朱利安·普兰、乔希·麦考尔、比尔·戴维斯、罗布·麦奎因和阿比盖尔·沃克。

在我们公司所有的客户中，我要特意感谢这一家：洛斯食品。（还记得他们吗？跳“烤鸡舞”的那群人？）首先从这些疯狂的想法中，你就能了解关于洛斯和洛斯团队的许多情况。我不得不说，他们无疑是我遇到过最出色的客户。许多高管跟我像家人一样亲近。要特别感谢博伊德·乔治和布莱恩·乔治。是他们首先提出了让商场转型的难题。在我遇到的人中，博伊德虽然已经上了年龄，但却像日本尖刀一样锋利。他无疑是个谦虚的人。对于布莱恩来说，他理解并欣赏创新，同时运营、指导并激励自己的团队。对他们俩致以真诚的敬意。另一位光荣的家庭成员希瑟·乔治是位真正的天才。我感觉，我们彼此了解对方，并会长期合作。与业内大多数人不同，希瑟真的了解顾客、店长、商人、摊贩，以及什么是创新，什么不是创新。她不仅是一位出色的个人，还是一位亲密的朋友。

如果没有洛斯食品的总裁蒂姆·洛维，我们也许能把“手术”做好，只是要冒着“病人”去世的风险。蒂姆热情投入，对零售业有着深入的理解。在我见过的所有客户中，蒂姆是精力最旺盛的人之一。像往常一样谢谢你，蒂姆，感谢你所做的一切。

我还想感谢洛斯公司的许多其他成员。我真不知道从哪儿说起，在这里只提几个名字：我最喜欢的建筑师加里·沃森、金柏莉·乔治、安尼塔·约菲–史密斯威克、克里斯·凡·派里斯、迈克尔·摩尔、凯利·戴维斯、黛比·威廉斯、杰森·拉姆齐，以及许多其他人。感谢在洛斯食品、MDI公司和亚历克斯·李工作的每个人。

在传播本书思想上，Buzzfeed和弗兰克·库珀一直都是重要的合作伙伴。我和弗兰克的合作可以追溯到许多年前在百事可乐的时候。在传播本书信息方面，他和他的团队显示了突出的技巧。还要同样感谢麦克·巴尔博和他的团队。他们在传播正面口碑方面，显示了突出的能力。尼尔·谢弗是了解社媒空间的少数人之一。感谢你们所有人，把本书摆放在社媒地图上。

还有许多人直接或间接影响了本书的创作，包括弗兰克和蒂芙尼·福斯特、乔治娅与菲利浦·加里诺伊斯–梅伦尼京托。还要感谢法特梅·哈利法、特蕾西·卢科、菲利普·科特勒、泰拉·班克斯、帕克·安德席尔和尼古拉斯·（格德菲什）·西姆柯，谢谢他们在西伯利亚陪伴我。

然后，要感谢在此计划中给我灵感的人们。他们或是与我分享见解，或是帮我阅读手稿，或是进行过有趣的研究，或是直接给我一个重要的观点。

我在此要感谢以下各位，排名不分先后：谢家华、杰夫·韦纳尔、瑞恩·霍尔姆斯、迪帕克·乔普拉、丹尼·沙利文、提姆·菲利斯、加里·维纳查克、马丁·谢文顿、莎拉·希尔、米歇尔·基勒布鲁、穆罕默德·尤努斯、戴维·埃德尔曼、梅格·惠特曼、丹尼斯·拉贝勒、珍妮·古道尔博士、哈米斯·沙哈、贝丝·康斯托克、托马斯·弗里德曼、戴维·塞布尔、克里斯·布洛根、迈克尔·凯悦、杰夫·布拉斯、唐·派普、李沙琳、兰德·费舍金、帕姆·摩尔、尼古拉斯·博达斯、彼得·沙克曼、史迪芬·平克、理查德·佛罗里达、麦克·奥尔顿、杰伊·巴尔、布莱恩·索利斯、史蒂夫·鲁贝尔、尼尔·佩特尔、马克·谢菲尔、乔纳·伯格、查德·迪克森、乔希·雷伯维兹、艾丽卡·希尔、尼尔·弗格森、李·奥登、乔纳森·贝歇尔、约翰·詹斯奇、伊法特·科恩、罗伯特·西奥迪尼、安德鲁·亨特、马特·海因茨、乔·普立兹、约瑟夫·斯蒂格利茨、迈克尔·布伦纳、迈克尔·高尔德、约翰·兰普顿、肖恩·柯林斯、克里斯·达克尔、戴维·斯考克、约翰·李·杜马斯、李·奥登、乔纳森·塞勒姆·巴斯金、布伦特·丘托拉什、海蒂·科恩、比尔·唐瑟尔、阿尼塔·牛顿、马修·巴比、克雷格·罗森伯格、布莱恩·马西、乔恩·海德特、汤姆·菲什伯恩、罗杰·杜里、帕梅拉·威尔逊。

你们都看到了，即使书封上印着“马丁·林斯特龙”的名字，也是经过所有人的努力，这本书才这么鼓舞人心——我希望，本书能带来更多变化。感谢每个人。

注释

前言

1. John Ashcroft, "The Lego Case Study," John Ashcroft and Company, http://www.thelegocasestudy.com/uploads/1/9/9/5/19956653/lego_case_study_2014.pdf.
2. Brian Solomon, "Everything Is Awesome: Lego Leaps Barbie for World's Largest Toy Maker," *Forbes,* September 4, 2014.
3. Seidman, Gwendolyn, Ph.D., "Do We Lie More in Texts or Face-to-Face?" *Psychology Today,* November 23, 2014.
4. Internet Live Stats, http://www.internetlivestats.com/internet-users/.
5. Duggan, Maeve, Ellison, Nicole B., Lampe, Cliff, Lenhart, Amanda & Madden, Mary, "Frequency of Social Media Use," Pew Research Center, January 9, 2015, http://www.pewinternet.org/2015/01/09/frequency-of-social-media-use-2/.
6. Youtube Statistics, https://www.youtube.com/yt/press/statistics.html.
7. "Big Data, for Better or Worse: 90% of World's Data Generated over Last Two Years," Science Daily, May 22, 2013, http://www.sciencedaily.com/releases/2013/05/130522085217.htm.
8. Arons, Marc de Swaan, Driest, Frank van den, Weed, Keith, "The Ultimate Marketing Machine," Harvard Business Review, July-August, 2014.
9. Nick Bilton, "When the Cyber-Bully Is You," *New York Times,* April 29, 2015.

第一章

1. "Most-Used Emoji Revealed: Americans Love Skulls, Brazilians Love Cats, the French Love Hearts," Swiftkey.Blog, April 21, 2015, http://swiftkey.com/en/blog/americans-love-skulls-brazilians-love-cats-swiftkey-emoji-meanings-report/.
2. SwiftKey, "SwiftKey Emoji Report," http://www.scribd.com/doc/262594751/SwiftKey-Emoji-Report.
3. "Global Gender Gap Index 2014," World Economic Forum, http://reports.weforum.org/global-gender-gap-report-2014/rankings/.
4. SwiftKey, "SwiftKey Emoji Report," http://www.scribd.com/doc/262594751/SwiftKey-Emoji-Report.
5. Haas, Robert, "Meditation at Lagunitas," *Praise,* HarperCollins Publishers, 1979.

第二章

1. Karl Ove Knausgaard, "My Saga, Part 2," *New York Times Magazine,* March 11, 2015.

2. "The First Lady on the First Family," excerpt of Michelle Obama appearance on *The Ellen Show,* https://www.youtube.com/watch?v=dbYEEBrjOAA.
3. Amanda Macias, "This Chart Shows How the Rest of the World Doesn't Even Come Close to US Military Spending," *Business Insider,* April 19, 2014, http://www.businessinsider.com/us-military-spending-chart-2014-4.
4. Drew Desilver, "A Minority of Americans Own Guns, but Just How Many Is Unclear," Pew Research Center FactTank, June 4, 2013.
5. "What Is Cards Against Humanity," https://cardsagainsthumanity.com.
6. "Mobile Technology Fact Sheet," The Pew Research Center, http://www.pewinternet.org/fact-sheets/mobile-technology-fact-sheet/.
7. Daniel Wood, "US Crime Rate at Lowest Point in Decades. Why America Is Safer Now," *Christian Science Monitor,* January 9, 2012.
8. Nick Bilton, "Steve Jobs Was a Low-Tech Parent," *New York Times,* September 10, 2014.
9. Ibid.
10. Nate Cohn, "Big Drop in Share of Americans Calling Themselves Christian," *New York Times,* May 12, 2015.
11. Ibid.

第三章

1. Gardiner Harris, "Poor Sanitation in India May Afflict Well-Fed Children with Malnutrition," *New York Times,* July 13, 2014, http://www.nytimes.com/2014/07/15/world/asia/poor-sanitation-in-india-may-afflict-well-fed-children-with-malnutrition.html#slideshow/100000002994895/100000002994992.
2. Gardiner Harris, "Holding Your Breath in India," *New York Times,* May 29, 2015.
3. Vivekananda Nemana and Ankita Rao, "In India, Latrines Are Truly Lifesavers," *New York Times,* November 13, 2014.
4. Gardiner Harris, "Websites in India Put a Bit of Choice into Arranged Marriages," *New York Times,* April 24, 2015.
5. "Why Tensions Are Soaring in Mother (in Law) India," http://www.thestar.com/news/world/2014/02/17/why_tensions_are_soaring_in_mother_inlaw_india.html.
6. "The Curse of The Mummyji," *Economist,* December 21, 2013http://www.economist.com/news/christmas-specials/21591745-curse-mummyji.
7. Ibid.
8. Madison Park, "Top 20 Most Polluted Cities in the World," CNN, May 8, 2014, http://www.cnn.com/2014/05/08/world/asia/india-pollution-who/.
9. Bruce Grierson, "What if Age Is Nothing but a Mind-Set?" *New York Times,* October, 22, 2014.
10. Ibid.

第四章

1. Gina Kolata, "Obesity Spreads to Friends, Study Concludes," *New York Times,* July 25, 2007.
2. Ibid.
3. Cynthia L. Ogden et al., "Mean Body Weight, Height, and Body Mass Index, United States, 1960-2002," Division of Health and Nutrition Examination Surveys, Centers for Disease Control and Prevention, October 27, 2004, http://atlanta.cbslocal.com/2015/06/15/cdc-average-american-woman-now-weighs-as-much-as-1960s-us-man/.
4. Jan Hoffman, "Parents' Denial Fuels Childhood Obesity Epidemic," *New York Times,* June 15, 2015.

5. Boseley, Sarah, "Mexico Enacts Soda Tax in Effort to Combat World's Highest Obesity Rate," *The Guardian,* January 16, 2014, http://www.theguardian.com/world/2014/jan/16/mexico-soda-tax-sugar-obesity-health.
6. Deborah Amos, "Saudi Girls Can Now Take Gym Class, but Not Everyone Is Happy," http://www.npr.org/sections/parallels/2015/03/10/391878690/saudi-girls-can-now-take-pe-classes-but-not-everyones-happy.
7. Shirley Wang, "As World's Kids Get Fatter, Doctors Turn to the Knife," *The Wall Street Journal,* February 14, 2014.
8. Mary Kaye Schilling, "Get Busy: Pharrell's Productivity Secrets," *Fast Company,* Novembe 18, 2013, http://www.fastcompany.com/3021377/pharrell-get-busy.
9. Jan Brogan, "When Being Distracted Is a Good Thing," *The Boston Globe,* February 27, 2012.
10. Tom Vanderbilt, "The Crisis in American Walking," *Slate,* April 10, 2012, http://www.slate.com/articles/life/walking/2012/04/why_don_t_americans_walk_more_the_crisis_of_pedestrianism_.html?wpsrc=fol_tw?wpsrc=fol_fb.
11. Peter Cohan, "Weight Watchers Winning $61 Billion War on Fat," *Forbes,* November 14, 2012.

第五章

1. Reissman, Leonard, *Class in American Society* (New York: The Free Press, 1965), p. 178.
2. Simon Romero, "Rio's Race to Future Intersects Slave Past," the *New York Times,* March 8, 2014, http://www.nytimes.com/2014/03/09/world/americas/rios-race-to-future-intersects-slave-past.html.
3. Jonathan Watts, "Why Brazil Loves Nip and Tuck as Told by the Country's Leading Plastic Surgery 'Maestro,'" *Guardian* (UK), September 24, 2014.
4. Antonio Prata, "Brazil's Shaken Optimism," *New York Times,* June 23, 2015.
5. Baertlein, Lisa, "Los Angeles Water Sommelier Wants Bottled Water Treated Like Wine," Reuters, March 2, 2015.
6. Susanne Ault, "Survey: YouTube Stars More Popular Than Mainstream Celebs Among U.S. Teens," *Variety,* August 5, 2014.
7. Laura M. Holson, "The Feng Shui Kingdom," *New York Times,* April 25, 2005.
8. Dan Levin, "Adidos and Hotwind? In China, Brands Adopt Names to Project Foreign Flair," *New York Times,* December 26, 2014, http:/www.nytimes.com/2014/12/27/business/international/adidos-and-hotwind-in-china-brands-evoke-foreign-names-even-if-theyre-gibberish.html.
9. Caroline Wyatt, "'Paris Syndrome' Strikes Japanese," *BBC News,* December 20, 2006.
10. Caroline Wyatt, "'Paris Syndrome' Strikes Japanese," *BBC News,* December 20, 2006.
11. Anderson Antunes, "God Has a New Home: A $300 Million Mega Temple in Sao Paulo," *Forbes,* July 30, 2014, http://www.forbes.com/sites/andersonantunes/2014/07/30/god-has-a-new-home-a-300-million-mega-temple-in-sao-paulo/.

第六章

1. Bradley Blackburn, "Clothing 'Made in America': Should US Manufacture More Clothes?" *ABC News,* March 10, 2011, http://abcnews.go.com/Business/MadeInAmerica/made-america-clothes-clothing-made-usa/story?id=13108258.
2. Sandra Blakeslee, "Mind Games: Sometimes a White Coat Isn't Just a White Coat," *New York Times,* April 2, 2012.
3. Sandra Blakeslee, "Mind Games: Sometimes a White Coat Isn't Just a White Coat," the *New York Times,* April 2, 2012, http://www.nytimes.com/2012/04/03/science/clothes-and-self-perception.html.

4. Sandra Blakeslee, "Mind Games: Sometimes a White Coat Isn't Just a White Coat," the *New York Times,* April 2, 2012, http://www.nytimes.com/2012/04/03/science/clothes-and-self-perception.html.
5. Ivan Oransky, "Holding Hot Coffee = Warm and Fuzzy Feelings," *Scientific American,* October 23, 2008, http://www.scientificamerican.com/blog/post/holding-hot-coffee-warm-and-fuzzy-2008-10-22/.
6. Alena Hall, "7 Reasons to Banish Your Phone from the Bedroom," *Huffington Post,* November 3, 2014.

第七章

1. Peter N. Stearns, "The History of Happiness," *Harvard Business Review,* January–February 2012, https://hbr.org/2012/01/the-history-of-happiness.
2. Ibid.
3. World Happiness Report 2014, John Helliwell, Richard Leyard, Jeffrey Sachs, Editors, http://worldhappiness.report/wp-content/uploads/sites/2/2015/04/WHR15-Apr29-update.pdf.
4. John Clifton, "People Worldwide Are Reporting a Lot of Positive Emotions," Gallup, http://www.gallup.com/poll/169322/people-worldwide-reporting-lot-positive-emotions.aspx.
5. John Clifton, "Mood of the World Upbeat on International Happiness Day," Gallup, http://www.gallup.com/poll/182009/mood-world-upbeat-international-happiness-day.aspx.
6. Brook Larmer, "How Do You Keep Your Kids Healthy in Smog-Choked China?" *New York Times,* April 16, 2015.
7. Oliver Wainwright, "Inside Beijing's Airpocalypse—a City Made 'Almost Uninhabitable' by Pollution," *Guardian* (UK), December 16, 2014.
8. Ibid.
9. Joseph Kahn and Jim Yardley, "As China Roars, Pollution Reaches Deadly Extremes," *New York Times,* August 26, 2007.
10. Christina Larson, "The Cracks in China's Shiny Buildings," *Bloomberg Business,* September 27, 2012, http://www.bloomberg.com/bw/articles/2012-09-27/the-cracks-in-chinas-shiny-buildings.
11. Jeff Chu, "Happily Ever After," *Time,* March 18, 2002.
12. Katia Moskvitch, "Why Does Food Taste Different on Planes?," BBB.com, January 12, 2015, http://www.bbc.com/future/story/20150112-why-in-flight-food-tastes-weird.
13. Ibid.

第八章

1. Jonathan Mahler, "The White and Gold (No, Blue and Black!) Dress That Melted the Internet," *New York Times,* February 27, 2015.
2. Ibid.
3. Pamela Engel, "Here's the Dress from a British Retailer That Started a Debate on Social Media—It's Clearly Blue and Black," *Business Insider,* February 27, 2015, http://www.businessinsider.com/the-roman-originals-black-and-blue-dress-2015-2.
4. Elizabeth Cohen, "A Scientific Tale of Two Dresses," CNN, March 2, 2015, http://www.cnn.com/2015/02/27/health/science-of-gold-blue-dress/.
5. Ibid.
6. Joe Mandese, "Extinction Event: Why There May Be Far Fewer Brands at Cannes 2025," *MediaPost Live!,* June 22, 2015

7. A. Bonneville-Roussy, P. J. Rentfrow, M. K. Xu; J. Potter, "Music Through the Ages: Trends in Musical Engagement and Preferences from Adolescence Through Middle Adulthood," *The Journal of Personal and Social Psychology,* 2013, October: 105 (4): 703-17. Doi: 10.1037/a0033770. Epub2013, July 29, http://www.ncbi.nlm.nih.gov/pubmed/23895269.
8. Ibid.
9. Ibid.
10. "What Your Favorite Sport Says About You," British Heart Foundation, April 1, 2015, https://www.bhf.org.uk/news-from-the-bhf/news-archive/2015/march/what-your-favourite-sport-says-about-you.
11. Jong-Eun Roselyn Lee, David Clark Moore, Eun-A Park, Sung Gwan Park, "Who Wants to Be 'Friend-Rich'? Social Compensating Friending on Facebook and the Moderating Role of Public Self-Consciousness," *Computers in Human Behavior* (Impact Factor: 2.69. 05/2012; 28 (3): 1036-1043. DOI: 10.1016/j.chb.2012.01.006, http://www.researchgate.net/publication/257252915_Who_Wants_to_be_friend-rich_Social_Compensatory_Friending_on_Facebook_and_the_Moderating_role_of_public_self-consciousness.
12. Eftekhar Azar, Chris Fullwood, Neil Morris, "Capturing Personality from Facebook Photos and Photo-Related Activities: How Much Exposure Do you Need?" *Computers in Human Behavior,* Volume 37, August 2014, pp. 162–170, http://www.sciencedirect.com/science/article/pii/S0747563214002696.
13. Ian Urbana, "The Secret Life of Passwords," *New York Times Magazine,* November 19, 2014, http://www.nytimes.com/2014/11/19/magazine/the-secret-life-of-passwords.html.
14. Nicole Laskowski, "Seven Big Data Failures to Watch Out For," SearchCio, Tech Target, August 12, 2015, http://searchcio.techtarget.com/news/4500251611/Seven-big-data-failures-to-watch-out-for.
15. Matt Richtel, and Doughery, Conor, "Google's Driverless Cars Run Into Problem: Cars with Drivers," the *New York Times,* September 1, 2015.
16. Von Bettina Höchli, Karin Frick, Mirjam Hauser, "We-Dentity: Wie Das Netzwerk-Ich die Wirtschaft und Gesellschaft von Morgen Verandert," University of Zurich, Gottlieb Duttweiler Institute of Economic and Social Studies, GDI Studie #42, @ copyright GDI 2015.